# 라이프 퍼포머

# LIFE
# 라이프 퍼포머
# PERFORMER

## 하루가 술술 풀리는 성공 공식

| 조형근 지음 |

PAZIT

# 차례

## PART 2 Action 미래를 바꾸는 실천

## PART 3 Repetition 작심일년



## PART 4 Success 성공이 성공을 부른다

## PART 5 Change Your Life 변화를 만끽하라

# 프롤로그

## 인생은 도전과 실천의 반복이다

한창 고등학교에 적응하던 17살 때, 내 꿈은 프로게이머가 되는 것이었다. 대학 졸업을 앞둔 27살 때, 내 꿈은 대기업에 입사하는 것이었다. 한창 회사에서 일을 배우던 33살 때, 내 꿈은 베스트셀러 작가가 되는 것이었다.

내가 원하던 세 가지 꿈은 모두 이루어졌다. 18살 가을, '온게임넷 스타리그'라는 전국 대회 본선에 진출하면서 프로게이머가 되었다. 28살 겨울, 현대자동차 연구직 공채에 합격하여 사원증을 목에 걸었다. 39살 여름, 여섯 권의 책을 쓴 작가가 되었고 첫 번째 책이 중·고등학생 진로 분야 베스트셀러가 되었다.

게임, 취업, 책 쓰기. 언뜻 보면 아무런 연결 고리가 없어보일 수 있다. 하지만 이를 관통하는 공통된 키워드가 있다. 바로 도전, 실천, 반복이다. 삶은 도전과 실천, 그리고 반복이 되풀이되고 또 되풀이해야 하는 거대한 쳇바퀴다. 분야를 막론하고 모든 영역에서 성공, 성장, 발전, 감동을 불러오는 요소는 도전, 실천, 반복이다.

## 성공을 부르는 법칙

도전, 실천, 반복의 결합은 성공을 이끌어낸다. 앞서 말한 문장을 공식으로 나타내면 다음과 같다.

$$S = C \times a \times R$$

S는 Success의 첫 글자로, 성공을 말한다. 발전, 성취, 성장, 출세, 성과, 입신, 성숙 등 어제보다 나아진 나를 뜻한다.

C는 Challenge의 첫 글자로, 도전이다. 열망, 절실함, 갈증, 간절함, 의지, 욕망, 향상심 등 마음의 힘을 가리킨다.

a는 action의 첫 글자로, 실천이다. 목표와 계획 수립, 실행, 행동, 민첩한 움직임을 의미한다.

R은 Repetition의 첫 글자로, 반복이다. 루틴, 습관 등 실천을 반복해서 체화하는 것을 나타낸다.

앞으로 편의를 위해 성공 공식을 "S=CaR"로 쓸 것이다.

위에 공식에 의거하여 성공은 도전과 실천, 그리고 반복이 곱해져서 산출된다. 도전, 실천, 반복 중에 하나만 빠져도 성공할 수 없다. 머릿속으로 오만가지 상상을 한들 그를 실천하지 않으면 덧없는 이론에 불과하다. 실천을 하더라도 내가 하는 일에 의미를 느끼지 못하거나 삶을 변화시키겠다는 열망이 없으면 발전이 요원하다. 도전 정신에 불타오르고 실천에 이르렀지만 반복하지 않으면 일회성 구호에 그치고 만다.

성장, 도전, 실천, 반복은 서로 끊임없이 영향을 주고받는다. 도전 정신이 실천을 부르고 실천과 반복은 성장을 낳으며, 성장은 더 나아지고 싶은 열망을 불러일으킨다. 이것이 바로 성장의 선순환이다. 반대로 아무것도 실천하지 않으면 도전 정신은 메마르고 성장은 정체된다. 돈의 가치가 시간이 흐르면서 하락하는 것처럼 나는 점점 후퇴하는 것이다. 아무 것도 하지 않는 것은 뒷걸음질 치는 것과 다를 바 없다.

## 책을 읽는 도중에 덮으면 대성공

이 책의 목표는 두 가지다.

첫째, "S=CaR"를 당신의 가슴에 주입하는 것이다. 경제가 순환하듯 우리의 인생도 주기가 있고 흐름을 탄다. 무언가를 쟁취하기 위해 열정이 타오르는 순간이 있는 반면, 아무 이유 없이 우울하거나 무력해지는 시기가 있다. "S=CaR"은 당신의 삶이 성장 궤도에 올랐을 때는 쭉쭉 뻗어가는 기폭제가 되고, 당신의 삶이 하향 곡선을 그릴 때는 다음 도약을 대비하는 도구가 될 것이다.

둘째, 이 책을 읽다가 덮게 만드는 것이다. 책을 읽다가 가슴 한구석이 달아올라 곧바로 어떤 행동을 개시한다면 이 책은 100퍼센트 제 역할을 수행한 것이다. 책을 읽는 행위 자체가 중요한 것이 아니라, 책을 읽고 변하는 것이 중요하다. 책을 읽고 삶에 적용할 점을 찾아 행동에 옮기는 사람은 극히 드물다. 당신이 책을 통해 지식을 쌓는 게 아니라 행동으로 옮기는 극소수의 실천가가 되리라 믿는다.

모든 성공 법칙이 그러하듯 책에 나오는 이야기는 어디선가 한두 번쯤은 들은 내용일 것이고, 어쩌면 당신이 모두 알고 있는 상식일지도 모른다. 하지만 "S=CaR"을 생각하면서 천천히 책의 내용을 음미한다면 내가 부딪쳐야 하지만 애써 회피해왔던 진짜 속마음과 마주하게 될 것이다.

이 책에서는 내가 지금껏 도전하고 끙끙거렸던 과거의 경험을 최대한 드러내어 서술했다. 누구나 알 법한 정치인, 기업의 CEO, 노벨상 수상자 등의 성공 사례는 피부에 와닿지 않았기 때문이다. 성공은 거창한 게 아니라 누구나 꿈꾸고 이룰 수 있는 것이다. 어제보다 1그램만 나아져도 성공이다. 어느 날 식당 아주머니에게 맛있는 식사를 제공해줘서 감사하다는 인사를 건네는 것도 성공이고, 어제보다 한 번 더 크게 웃는 것도 성공이다. 나는 평범한 사람이다. 눈을 비비고 일어나 회사에 가고, 점심에는 뭘 먹을지 고민하고, 퇴근하면 육아에 휘둘리는 보통의 직장인이자 남편이고, 아빠다. 다만 어제보다 보폭을 넓히는 오늘, 오늘보다 조금이나마 더 높이 뛰는 내일을 만들기 위해 새벽녘에 나만의 시간을 확보할 뿐이다.

당신이 어제보다 나은 오늘을 보내는 데 이 책이 보탬이 되기를 진심으로 바란다.

part 1

# Challenge

## 도전할 준비가 되었는가?

challenge

# 1

# 다시, 도전을 생각할 때

## 이제 손을 들고 도전을 외칠 때

예능 프로그램을 보면 출연자가 미션을 수행하기 직전에 한 단어를 외친다.

"도전!"

도전을 외친 출연자는 진중한 눈빛으로 무장한 채 앞으로 달려간다. 무언가를 시도하기 위해 마음을 다잡고 출발 준비를 마치는 것, 이것이 도전이다. 도전은 '돋을 도挑'와 '싸움 전戰'이 합쳐진 단어다. 피 튀기는 전쟁을 눈앞에 두고도 위축되기는커녕 몸을 꼿꼿하게 세우고 위풍당당하게 상대를 쳐다보는 자세. 이것이 바로 도전이다.

도전은 기필코 해내겠다고 다짐하는 행위이다. 실패할지도 모른다는 두려움을 극복하고 새로운 세상에 발을 내딛으려는 몸짓이다. 따라서 도전하기 위해서는 향상심과 용기가 필요하다. 지금보다 더 나아지겠다는 향상심을 지닌 채 장애물과 맞서려는 용기를 갖는 순간부터 도전은 시작된다.

인생은 도전의 연속이다. 걸음마를 떼기 위해 수없이 일어서려는 본능을 지닌 갓난아기 때부터 항상 해오던 일이다. 초등학교에 입학해서 알지도 못하는 국영수의 공세에도 거침없이 덤볐고, 줄넘기 이단 뛰기에 성공하기 위해 누가 이기나 한번 해보자 하며 들이댔다. 수능이라는 관문에 철저비 대비했고, 원하는 기업에 취직하기 위해 자기소개서 작성 화면을 열고 숨을 들이쉬었다. 내 앞을 가로막는 저항을 이겨내려는 모든 정신 상태는 '도전'이라는 단어로 압축된다.

## 도전은 우리 삶 곳곳에 숨어있다

우리의 뇌에는 도전의 DNA가 박혀있다. 거란, 왜, 여진의 침략을 반드시 막겠다는 필사즉생의 각오, 대한제국의 독립을 위해 목숨까지 내놓는 결의, 좀 더 나은 나라를 만들기 위해 쉬는 날도 반납하고 일하려는 태도, 선조의 도전 정신은 대를 이어 우리에게 이어지고 있다.

너무나도 익숙하기에 특별하다고 느끼지 못하지만 우리는 날마다 도전을 한다. 알람 소리에 무거운 몸을 일으켜 시험공부를 하려는 다짐도 도전이며, 맛있는 요리를 만들기 위해 레시피를 뒤져가며 자신만의 요리법을 궁리하는 것도 도전이다. 유행에 뒤처지지 않도록 새로 출시된 전자기기를 사서 익히려는 것 또한 도전이다.

인간은 누구나 욕망을 지니고 살아간다. 욕망은 무언가에 결핍을 느껴 그를 충족하고자 하는 마음이다. 넓은 집에서 살고 싶은 마음, 산과 바다가 보이는 여행지로 떠나고 싶은 마음, 다른 사람보다 좋은 시험 성적을 거두고 싶은 마음, 멋진 이성과 교제하고 싶은 마음. 사람마다 마음의 크기는 제각각이지만 모두 여러 가지 욕망을 가슴 속에 품고 산다. 내가 갖지 않은 것을 갖고 싶은 마음, 욕망은 인간의 본성이다.

욕망을 실현하기 위해 몸을 움직이려고 마음먹은 순간, 욕망은 도전의 대상이 된다. 머릿속 생각으로 그치면 아무것도 이루어지지 않는다. 아이스크림을 먹고 싶으면 마트에 갈 준비를 해야 한다. 다양한 맛의 아이스크림을 아무리 상상하더라도 누워서 생각만 하면 맛볼 수 없다. 호감 가는 이성과 교제하고 싶으면 주저하지 말고 연락해야 한다. 전화든, 메신저든, 메일이든 상대에게 내 마음을 전달할 방법을 찾아야 한다. 혼자서 끙끙 앓고 마음 졸이면서 멀찌감치 상대를 애타게 바라본다고 한들 상대는 내 마음을 알아주지 않는다.

## 도전을 도전하지 않는 이유는 무엇일까

무엇을 해야 할지 머릿속으로는 알고 있지만 막상 시도하려고 하면 두 다리가 굳는다. 마음속에서는 '결국 안 될 건데 왜 사서 고생하느냐'는 악마의 속삭임이 들려온다. 애써 못 이기는 척 악마에게 마음을 내주고 침대와 몸을 밀착한다. 욕망은 도전이 될 뻔했지만 다시 욕망으로 수그러든다. 크기는 줄어든 채.

성공의 공식을 떠올려보자. "S=CaR"이다. Challenge, 즉 도전이 없으면 성공 가능성은 제로다. 이루고자 하는 마음이 없는데 무엇이 이루어지겠는가? 도전한 사람은 후회를 남기지 않지만 도전하지 않은 사람은 '그때 내가 왜 머뭇거렸을까', '1년만 젊었어도', '다시 그때로 돌아갈 수만 있다면'이라고 생각하면서 늘 후회한다. 후회할 걸 알면서 왜 우리는 주저하는 것일까. 왜 앞으로 나아가지 못하고 뒤로만 향하는 것일까?

challenge

2

# 실패는 성공의 디딤돌

## 족쇄에 갇힌 마음

“저도 무엇을 해야 하는지는 알고 있어요. 준비할 것도 많고요. 하지만 선뜻 시작하려니 엄두가 나지 않아요. 괜히 돈과 시간만 낭비하는 게 아닐까 걱정되고, 주변 사람이 수군거리는 것도 두려워요.”

무엇을 해야 할지 정확히 알고 있으면서도 도전하려는 마음을 갖지 못하는 건 바로 학습된 무력감 때문이다. 도전할 때마다 성공을 거둔 사람이 있다고 치자. 이 사람은 도전을 어떻게 받아들일까? ‘이루고 싶은 일이 있으면 도전하면 그만이지’라고 생각하지 않을까?

이는 당신의 잘못이 아니다. 우리는 초등학교에 입학해서 고등학교를 졸업할 때까지 12년 동안 성적으로 인한 스트레스를 받으며 자랐다. 부모는 내 성적에 만족하지 못했고, 우리는 혀를 끌끌 차는 부모를 보면서 위축되었다. 새로운 일에 도전할 때마다 칭찬보다는 꾸중을 더 많이 들었다. 모든 일은 1등부터 꼴찌까지 순위가 매겨졌다. 열심히 해도 성적은 오르지 않았고 '어차피 열심히 해도 이루지 못할 건데 적당히 하자'라는 스스로의 꼬드김에 넘어가기 일쑤였다. 1등이 아니면 꼴찌인 세상, 사회의 문화와 어른의 시선이 우리를 움츠러들게 만들었다. 갓 태어난 코끼리 발에 족쇄를 묶어두면 족쇄를 풀 힘을 지닌 어른이 되어도 족쇄를 끊지 못하는 것처럼.

## 족쇄를 끊어내는 방법

이제 모든 것을 내려놓고 다시 시작해야 한다. 근본적인 생각을 전환하자. 실패, 패배, 낙오, 좌절은 부정적인 단어가 아니라 도전의 또 다른 말이다. 성장은 단번에 이루어지지 않는다. 성장하는 과정에서 실패는 필연적으로 따라온다. 실패의 두려움을 극복하라. '어차피 안될 건데, 내가 이걸 해도 아무것도 바뀌지 않으면 어떡하지'라는 생각은 꾸깃꾸깃 접어서 쓰레기통에 던져버려라. 실패에 대한 두려움은 무서우리만큼 우리를 옭아맨다. 머릿속으로는 도전할까 말까 수없이 고민하는 것은 우리가 어제와 똑같은 오늘을 보내게 만든다.

그러나 말이 쉽지, 20년 넘게 머릿속에 박힌 고정 관념을 5초 만에 바꿀 수 있는 사람은 없을 것이다. 그럼 어떻게 해야 할까? 어떻게 하면 내 마음에 묶인 족쇄를 끊을 수 있을까?

실패의 두려움을 극복하는 가장 좋은 방법은 실패를 인정하는 것이다. 도전하고, 행동하고, 실패하는 것은 자연스러운 성장 과정이다. 우리는 완벽을 추구한다. 스스로 높은 기준을 세우고 기준에 미치지 못할까 봐 두려워한다. 항상 100점을 받아 1등을 하길 바란다. 완벽을 추구하는 게 나쁘다는 뜻은 아니다. 완벽을 꿈꾸는 건 목표 지향적인 삶을 살아가는 바탕이 된다.

그렇지만 완벽은 완벽하지 않다. 실패와 시행착오가 수없이 겹쳐 완벽에 가까워질 뿐, 완벽한 것은 없다. 완벽해 보이는 무언가도 시간이 지나면 허점이 보인다. 류현진, 손흥민, 김연아, 최민정 같은 선수는 스스로를 완벽하다고 생각할까? 아니다. 그들도 중요한 경기에서 실수를 하기도 한다. 이들도 더 완벽해지기 위해 스스로를 꾸짖는다.

## 실패는 성공으로 향하는 길에 놓인 이정표

프로게이머를 꿈꾸며 게임 연습에 매진했던 고등학생 때, 내 승률은 50퍼센트를 조금 웃돌았다. 10번 경기해서 6번을 이기는 건 하늘의 별 따기였다. 이기는 만큼 졌다. 한두 판 졌다고 키보드를 내려치고 한숨을 쉬면 프로게이머가 되지 못한다. 100퍼센트 승률을 거두는 선수는 없다. 당대 최고의 선수라고 불리는 프로게이머의 승률도 60%밖에 되지 않는다.

진 경기가 이긴 경기보다 배울 점이 많다. 이긴 경기에서는 승리감에 도취되어 내 플레이를 객관적으로 바라보지 못하지만, 진 경기에서는 무엇 때문에 졌는지 냉정하게 분석할 수 있다. 다음 경기에서는 똑같은 실수를 반복하지 말아야지 하고 되새기게 된다. 패배가 모이고 모일수록 승률이 조금씩 올라갔다. 누군가는 실패를 만나면 주저앉지만 누군가는 실패를 통해 개선점을 찾고 발전한다. 당신은 어느 쪽이 될 것인가?

## 누가 실패를 판단하는가

다른 예를 들어보자. 당신이 운동을 하나도 하지 않아 걱정인 나머지 팔굽혀펴기를 하기로 결심했다고 가정해보자. 한 번에 팔굽혀펴기 30개를 하는 게 실천 계획이다. 야심차게 바닥에 엎드려서 팔굽혀펴기를 했는데 팔뚝이 저린 나머지 10개밖에 하지 못했다. 이건 실패인가? 아니다. 이는 실패가 아니다. 근육이 팔굽혀펴기에 적응하면 곧 15개, 20개, 30개까지 할 수 있게 된다. 10개밖에 하지 못한 사람이 우스운가, 아니면 아무것도 하지 않는 사람이 우스운가? 건강해지겠다는 목표를 설정하고 한 번에 10개나 성공했다는 게 대견하지 않은가?

무언가를 이루기 위해 정진하는 모습은 결과를 떠나 사람을 아름답게 만든다. 하지만 우리는 스스로를 객관적으로 보지 못한다. 10개 밖에 못했다고 자책하고 역시 나는 안 된다며 포기해버린다. 만약 내가 아니라 다른 사람이 나와 똑같은 행동을 했다고 생각해 보라. 그래도 실패했다고 생각하는가, 아니면 더 나은 사람이 되기 위한 모습에 응원을 보내고 싶은가?

완벽하려는 욕심을 내려놓자. 실패하지 않겠다는 욕심이 강박을 만든다. 완벽한 건 없다는 것을 인정하는 게 가장 먼저 해야 할 일이다. 첫 술에 배부를 수 없고, 천 리 길을 한 걸음 만에 갈 수는 없다. 성공으로 향하는 길에 놓인 실패는 도로 위에 있는 이정표처럼 당연하다는 걸 깨닫는 순간, 도전은 더 이상 남의 이야기가 아니게 된다.

challenge

3

# 시간은 잔인할 정도로 공평하다

## 시간의 양보다 질이 중요하다

시간은 공평하다. 누구에게나 하루 24시간, 일 년 365일이 주어진다. 하루에 주어진 시간을 어떻게 보낼지는 오롯이 내 선택에 달려있다. 10분 더 잠을 잘 수도 있고, 조깅을 하러 나갈 수도 있다. 같은 시간을 보내더라도 어떤 마음가짐으로 임하느냐에 따라 결과가 달라진다. 시간은 도전과 떼려야 뗄 수 없는 관계에 놓여있다. 목표를 달성하려면 시간을 투자해야 하기 때문이다. 시간을 얼마나 귀중하게 생각하느냐는 도전 정신과 긴밀하게 연관되어 있다.

단순히 시간만 투자한다고 바라는 것이 이루어지진 않는다.

성과의 차이는 시간의 밀도에서 비롯된다. 자, "S=CaR" 공식을 떠올려보자. 시간을 투자하는 건 a와 R, 실천과 반복이다. 하지만 a와 R만으로 S가 커지진 않는다. C, 도전 정신이 받쳐줘야 한다. 열심히 한다는 건 흐리멍덩한 눈으로 시간을 투자하라는 게 아니다. 반드시 승리하고야 말겠다는 마음을 가진 전장의 장군처럼 목표의식을 가지고 시간을 투자해야 한다. 시간의 양보다 질이 더 중요하다.

## 당신은 어떤 시간을 보내고 있는가

당연한 것처럼 주어져서 느끼기 힘들지만, 시간은 소중한 자원이다. 우리가 무심코 땅에 흘리는 시간은 누군가가 절실히 바랐던 하루다. 시간은 돈이다. 직장인은 노동력이라는 이름으로 자신의 시간을 기업에 팔고 돈을 번다. 식당 주인은 재료를 손질하고 다듬는 데 시간을 들인다. 내가 들이는 시간을 돈으로 환산할 수 있다는 것이다.

우리가 침대에 누워 스마트폰을 쥐고 엄지손가락을 좌우로 흔들 때 시간이라는 돈은 주머니 속 구멍을 통해 빠져나가고 있다. 목표를 달성하기 위해서는 시간을 아까워할 줄 알아야 한다. 1시간, 1분, 1초를 아까워해야 한다. 1초가 모여서 1분이 되고 1시간이 된다. 지금 무엇을 하고 있느냐가 며칠 뒤, 몇 년 뒤의 내 모습을 결정한다. 무언가를 이루겠다는 도전 정신으로 가득한 사람에게는 하루가 짧게 느껴진다. 자려고 누워서, 심지어 꿈에서도 목표를 달성하려는 생각을 한다. 당신은 지금 어떤 생각을 하고 있는가?

## 게임과 공부 두 마리 토끼를 잡은 방법

프로게이머로 데뷔한 고등학생 때, 게임과 공부 두 마리 토끼를 잡기 위해 사용한 방법은 단순했다. 학교에서는 공부를 하고, 학교 밖에서는 게임을 하는 것이었다. 학교에서는 게임 생각을 하지 않으려고 애썼다. 수업 시간에 게임을 상상하고 머릿속으로 가상 전투를 벌이면 수업 내용을 하나도 이해할 수 없었다. 대신에 교문을 나서는 순간부터는 게임만 생각했다. 집에서, PC방에서 게임을 실행하고 오로지 게임에만 몰두했다. 경쟁 상대가 하루에 12시간 연습하는 양을 따라잡기 위해서 4, 5시간이어도 최대한 집중해서 연습했다. 학교 안과 학교 밖의 나를 두부 자르듯 이등분했다. 얼굴의 왼쪽과 오른쪽이 다른 아수라 백작처럼 하루의 반은 공부, 반은 게임에 투자했다.

당시에 어떻게 시간을 관리해야 하는지 이해한 건 아니었다. 게임이 하고 싶은데 공부도 해야 하는 상황이기에 어쩔 수 없는 선택이었다. 내가 보내는 시간에 집중하자는 마음가짐은 귀중한 자산이 되었다. 나는 무언가를 대충 하는 걸 썩 좋아하지 않는다. 짧은 시간에 바짝 행동해서 효율적인 실천 방법을 탐색했다. 해야 할 일이 있으면 우선순위를 정하고, 그 일에 얼마나 시간이 걸릴지 미리 가늠해본다. 그것이 오늘 하기 어려울 것 같으면 재빨리 포기한다.

시간은 잔인하다. 내가 어떤 생각으로 시간을 쓰느냐가 나비 효과가 되어 미래의 내 모습을 결정한다. 지금 어떤 시간을 보내느냐가 미래의 나를 만든다니. 섬뜩하지 않은가?

당신은 지금 무언가를 이루고 싶은가? 이루는 데 필요한 준비물은 무엇인가? 그 일은 귀중한 시간을 투자할 만한 가치가 있는가? 가치가 있다고 판단하면 그 순간부터는 온전히 그 일에 전념하라.

challenge 4

# 시간의 빈틈을 포착하라

## 결과보다 과정

하루는 도전하는 시간과 도전하지 않는 시간으로 나눌 수 있다. 무언가를 이루기 위해 최선을 다해 집중하는 순간은 도전의 시간이다. 공부를 하거나, 운동을 하거나, 사업을 구상하거나, 책을 읽는 순간은 도전의 시간이다. 반면, 누워서 스마트폰을 만지작거리거나 친구들과 수다를 떠는 순간은 도전하지 않는 시간이다.

원하는 목표를 달성하기 위한 방법은 명백하다. 꿈을 이루기 위한 행동, 즉 도전의 시간을 늘리면 된다. 근육을 키우고 싶으면 운동을 하면 되고, 수영을 잘하고 싶으면 수영을 하면 된다. 좋은 대학에 들어가고 싶으면 공부를 하면 되고, 궁금한 분야가 있으면 책을 읽으면 된다. 간단한 일처럼 보이지만 도전해야겠다는 생각을 하기는 어렵다. 게다가 도전을 실천으로 옮기는 일은 더욱 어렵다. 이때 많은 사람들이 좌절하곤 한다. '나는 왜 해도 안 될까', '내게 무슨 재능이 있을까'라고 생각하며 포기하고 체념한다.

이제는 달라져야 한다. 결과보다는 과정에 초점을 두자. 이루고 싶은 꿈, 욕망이 있다면 당당하게 드러내라. 드러내고 선언해야 행동한다. 실패하더라도 상관없다. 도전하면서 실패하기도 하지만, 실패를 통해 무언가를 배운다. 도전은 거창한 게 아니다. 이루고 싶은 목표에 한 걸음씩 다가가려고 하는 간절한 마음가짐, 그것이 도전의 시작이다. 도전하는 사람은 성공하거나 발전하지만, 도전하지 않는 사람은 아무것도 이루지 못한다.

## 도전은 실패의 다른 말이다

내가 다른 사람보다 많은 목표를 달성한 이유는 도전하지 않는 시간을 줄이고 도전하는 시간을 늘렸기 때문이다. 게임 덕후에서 프로게이머가 되었고, 하위권을 맴돌던 성적은 국립

대학에 들어갈 수 있을 정도로 훌쩍 상승했다. 대한민국에서 내로라하는 대기업에 입사했고 평생 동안 한 권 내기도 어려운 책을 여섯 권 출간했다. 이는 모두 도전을 했기 때문에 이룰 수 있었다. 하루에 1시간만 무의미한 시간을 도전의 시간으로 바꾸면 인생이 변한다.

도전하는 과정에서 숱하게 실패하고 좌절했다. 아무리 연습해도 게임 실력이 늘지 않아 슬럼프에 빠졌고, 어제 공부한 내용이 다음날이면 기억나지 않았다. 한 문장을 쓰지 못해 한 시간 넘게 글을 쓰고 지우기를 반복했다. 도전은 실패의 연속이다. 실패에서 교훈을 얻고 또 도전하면 된다. 도전과 실패는 한 몸이다. 도전과 실패라는 두 다리를 휘저으며 조금씩 앞으로 나아가면 된다. 어떨 때는 뛰어가지만 어떨 때는 발을 헛디뎌 넘어지기도 한다. 하지만 두려워하지 않는다. 도전하면 이루어진다는 걸 여러 차례 경험했기 때문이다.

박성혁 작가는 『이토록 공부가 재미있어지는 순간』에서 마음가짐의 중요성에 대해 꼬집는다. "배우려는 마음가짐이야말로 무엇보다 중요합니다. 그러나 이를 만들어내는 것은 철저하게 '내 몫'입니다. 내 마음은 '내가 어떻게 하느냐'에만 달려있지요. 없는 마음까지 만들어줄 수 있는 선생님은 세상 어디에도 없으니까요. 그리고 배울 준비가 되지 않은 사람은 누구에게 배운다 한들 아무것도 배울 수 없습니다. 반대로 배울 준비가 된 사람은 누구에게나 풍성하게 배울 수 있고요."[1]

사람은 모두 비슷하다. 맛있는 걸 먹으면 맛있다고 느끼고, 남에게 비난받으면 마음에 상처를 입는다. 도전도 똑같다. 도전하면 발전하지만, 도전하지 않으면 발전하지 못한다. 다른 사람의 이야기가 아니다. 누군가가 이루었다면 나도 이룰 수 있다. 마음 한구석에서 용솟음치는 욕망을 억누르지 말고 분출하라. 욕망을 받아들이고 일어서는 순간부터 도전이 시작된다. 도전할 준비가 되었는가? 이 세상은 도전하는 사람을 위해 마련된 무대이자 끝이 없는 광활한 벌판이다.

challenge

5

# 터닝 포인트는 바로 지금이다

## 이제는 내가 생각할 때

우리는 스스로 생각하지 않는 것에 익숙해져 있다. 정해진 시간표, 정해진 식단, 학원 갈 시간, 내가 진학해야 할 대학과 학과까지 부모, 교사, 미디어 등 어른이 만들어놓은 틀 속에서 성장했기 때문이다. 머릿속에 지식을 입력하고 암기해서 좋은 대학에 들어가는 게 인생 최고의 목표라고 주입되어 왔다. 그렇게 들어간 대학에서 학점, 외국어 성적, 공모전 참가 경력 등 스펙을 쌓아 남부럽지 않은 기업에 취직해서 상냥한 배우자를 만나 결혼하고 아이를 낳고 행복하게 살아가는 것. 이처럼 사회가 요구하는 대로 살아가는 게 행복이자, 순리라고 생각한다. 어른이 닦아놓은 1차선 도로에 수많은 사람이 엉겨 붙어 나아간다. 길은 좁지만 사람은 많다. 어떤 사람은 튕겨나가 경로를 이탈하거나 뒤처진다. 간혹 다른 길을 개척하려고 하면 비난을 받기도 한다. 어른들은 '너는 내가 시키는 대로만 하면 걱정 없이 먹고 살 수 있다고!'라고 말하듯이 눈에서 레이저를 쏜다.

정해진 틀에 맞춰 살아가는 게 편할 때도 있다. 아무것도 고민하지 않아도 되고, 많은 사람이 나아가는 길이기에 외롭지도 않다. 하지만 이런 생활이 익숙해진 나머지 스스로 지름길을 찾겠다는 생각의 통로가 막혀 버렸다. 사회가 정한 길로만 나아가고, 새로운 변화에 대한 열망은 스스로 감추거나 애써 외면한다.

우주에는 관성의 법칙이 작용한다. 바닥을 굴러가는 구슬은 계속 그 상태를 유지하려고 한다. 굴러가는 구슬이 끝까지 구르지 못하고 멈추는 이유는 장애물에 부딪히기 때문이다. 만약 아무런 저항이 없다면 구슬은 지구 한 바퀴를 굴러서 다시 나에게로 돌아올 것이다. 이러한 관성의 법칙은 자연계뿐만 아니라 인간에게도 작용한다. 모든 사람은 편한 상태를 추구한다. 5분만 더 자고 싶고, 소파에 누워 텔레비전 채널을 끝없이 바꾼다. 편한 자리에서 최대한 오래 있으려고 하며, 힘든 일은 기피한다.

사회가 요구하는 모습에 익숙해진 것, 현재 상태를 최대한 유지하려는 습성은 도전을 가로막는다. 새로운 도전을 한들 아무것도 변하지 않을 것이라는 착각, 며칠만 지나면 다시 원래대로 돌아올 것이라는 고정 관념을 벗겨내는 건 정말 힘들고 어렵다.

## 지금도 나를 스치는 기회들

"이 사람, 몰라보게 달라졌어.", "너 뭐 잘못 먹었냐? 갑자기 왜 그래?" 주변 사람에게 이런 말을 듣기 위해서는 변화의 필요성을 스스로 깨달아야 한다. 아무리 현자의 강의를 듣고 좋은 방법을 추천받는다고 해도 변하려는 의지가 없으면 허송세월하게 된다. 반대로 말하면 변하려는 마음만 있다면 발아래 개미가 일렬로 집을 찾아가는 현상을 보더라도 깨달음을 얻는다.

구본형 작가는 저서 『구본형의 마지막 편지』에서 말했다. "사건의 크기가 아니라 그 사건을 통해 전해지는 깨달음의 크기가 인생을 바꾸는 것이라네."[2] 아무도 내게 어제와 다른 오늘을 살라고 강요하지 않는다. 어제와 다른 오늘을 살기 위해 필요한 건 생각의 전환, 의지뿐이다.

드라마나 만화책을 보면 우스꽝스러운 장면이 나온다. 좋아하는 이성에게 차인 주인공이 지금까지의 자신과 달라지기 위해 필사적으로 공부하고, 운동한다. 몇 년 뒤 몰라보게 달라진 모습으로 고백했던 이성을 찾아간다. 그는 몰라보게 달라진 주인공을 보고 화들짝 놀란다. "정말 네가 걔 맞아? 어떻게 이렇게 멋지게 변했니, 내게 다시 고백해줄 수 있어?" 주인공은 웃음을 짓고 대답한다. "아니, 그냥 너한테 감사하러 왔어. 네 덕분에 이렇게 될 수 있었거든."

충격을 받는 사건을 계기로 하루아침에 다른 사람이 되는, 현실에서는 보기 어려운 이야기이지만 반드시 없다고는 할 수 없다. 우리의 하루를 자세히 들여다보면 충격적인 계기를 수시로 접하고 있다. 초라한 성적을 받고 고개를 푹 숙이는 일, 어수룩한 일처리를 한 나머지 상사에게 한심하다는 눈빛을 받는 일. 짝사랑하는 이성이 나를 은근슬쩍 피하는 모습, 모두 내가 부족하기 때문에 느끼는 일이다. 학업 성적이 좋았다면, 업무 능력이 출중했다면, 누가 봐도 당당하고 자신감이 넘친다면 기죽을 일이 생기지 않았을 것이다.

지구에 운석이 떨어지는 것 같은 천재지변만이 변화의 계기가 되는 게 아니다. 내가 무디면 어떤 사건이 닥쳐도 발끝 하나 움직이지 않을 것이지만, 내가 세심하게 촉수를 곤두세우면 작은 사건에도 변화의 전조를 감지할 수 있다. 자신이 무엇을 하고 싶은지, 그 일을 왜 하고 싶은지 하루에 3분만 생각해도 변화의 계기를 맞이하는 데 더없이 충분하다.

변화의 계기는 스스로 찾고 마음속에서 계속 크게 키워나가야 한다. 눈사람을 만들기 위해서는 눈을 굴려야 한다. 당신의 마음 속에서 작은 눈덩이를 발견했다면 끊임없이 굴려라. 어쩌면 지금 이 순간이 변화를 위한 최고의 순간일지도 모른다. 특별한 계기를 찾으려고 하지 말자. 내 눈앞에 벌어지고 있는 모든 것이 인생의 중요한 터닝 포인트다.

challenge

6

# 위대한
# 마음의 힘

## 그럼, 할 수 있다

겨울 올림픽의 꽃이라 불리는 피겨 스케이팅. 피겨 스케이팅에 출전하는 국가 대표 선수들은 6분 동안 워밍업을 한다. 몸을 풀고 자기 차례가 되면 선수는 아이스 링크의 중앙으로 나가기 직전에 코치의 마지막 한 마디를 듣는다. "너는 할 수 있어, 연습한 대로만 하면 돼. 메달을 따느냐 못 따느냐는 중요하지 않아. 지금까지 노력한 것처럼 최선을 다해 즐기고 와." 경기에 나서는 게 더없이 긴장되기 때문일까. 선수는 코치의 말을 듣고 마인드 컨트롤을 한다. '나는 잘할 수 있어. 나는 최고야'라고 스스로 최면을 건다.

마침내 선수는 눈에 힘을 주고 얼음 위를 미끄러져 아이스 링크의 중앙으로 향한다. 선수가 준비 자세를 취하고 3초 동안 정적이 흐른다. 웅장한 음악과 함께 우아한 연기가 시작된다. 4년 동안 갈고닦은 역량을 4분에 녹여내야 한다. 한 번의 점프, 손끝의 처리가 순위를 뒤바꾼다.

이는 비단 피겨 스케이팅 선수만의 이야기가 아니다. 축구, 농구, 야구, 양궁, 역도, 배구 등 모든 선수들이 경기를 시작하기 전에 서로 모여 할 수 있다고 소리 높여 외친다. "할 수 있다!"라고 외치면 할 수 없는 것도 마치 할 수 있는 것처럼 말이다.

"할 수 있다!"라고 외치고 자기 최면을 건다고 해서 갑자기 원래의 기량보다 월등하게 높은 기량을 선보일 수는 없다. 트리플 악셀 점프를 하지 못하는 선수가 할 수 있다고 외쳤다고 해서 트리플 악셀 점프를 할 수는 없다. 그렇다면 왜 "할 수 있다"라고 외치고 스스로를 세뇌하는 것일까?

선수들이 스스로를 응원하는 이유는 자신감을 갖기 위해서다. 나는 할 수 있다는 믿음을 가진 선수는 믿음이 없는 선수보다 강한 투지를 갖고 경기에 나선다. 나는 최고라고 마음을 먹고 경기에 임한다고 해서 반드시 이기는 것은 아니지만 나는 10등밖에 안 되는 선수라고 스스로를 깎아내리면 10등에도 오르지 못한다.

## 1월 1일의 나는 어디로 갔을까

1월 1일이 되면 수많은 사람이 어제와 같은 태양을 보면서 새해 목표를 세운다. 영어 학습, 운동, 금연, 다이어트, 독서, 재테크 공부 각양각색의 목표를 세우고 사나흘 동안 애쓴다. 그러다가 늦잠을 자는 날이나 술 마신 날, 평소의 생활 패턴을 무너뜨리는 하루를 보낸 다음날에는 작년에 그랬던 것처럼 자신에게 달콤한 초콜릿을 건넨다.

'어제 무리했으니까 오늘 하루 정도는 쉬어도 되겠지? 이 정도는 괜찮을 거야. 내일부터 다시 열심히 하자.'라고 1월 1일 떠오르는 태양을 바라보며 다짐했던 그 순간의 마음은 온데간데없다. 남은 건 무기력했던 작년 12월의 나다. 졸린 눈을 비비고 추운 겨울바람을 맞으며 변하자고 다짐했건만 그때의 내 마음은 어디로 간 걸까? 나는 왜 다시 작년의 나로 되돌아오는 걸까?

답은 분명하다. 도전 정신이 마음속 뿌리까지 내려가지 않았기 때문이다. 내 마음이 재미있는 드라마, 술자리, 게임, 쇼핑 등 달콤한 초콜릿 같은 유혹에 언제든지 무너질 준비를 하고 있기 때문이다. '어떤 일이 있더라도 약속을 어기지 않겠다, 나는 할 수 있다'라고 마음먹으면 어떤 상황에서도 흔들리지 않는다. 매년 작심삼일이 반복되는 이유는 '어차피 나는 조금 시도하다가 말 건데'라고 생각하는 마음이 기저에 깔려있기 때문이다.

## 변화는 마음의 변화로부터 시작된다

도전의 뜻을 다시 상기해 보자. 도전은 '돋을 도挑'와 '싸움 전戰'이 합쳐진 단어다. 옆에서 동료가 죽을지도 모르는 전쟁을 앞두고도 겁먹지 않고 기개 있게 우뚝 서는 자세가 도전이다. 도전을 하려면 도전이라는 단어의 무게에 어울리는 행동을 해야 한다. 왕관을 쓰려면 왕관의 무게를 견뎌낼 준비를 해야 한다.

변화는 마음속에 도전 정신을 깊숙하게 심는 것으로부터 시작된다. 내가 왜 어제보다 나은 하루를 보내야 하는지, 어떤 방식으로 어제보다 나은 오늘을 보낼 것인지 생각하고 궁리하고 탐구해야 한다. 생각의 변화 없이 행동의 변화는 없다. 아무런 도전 의식 없이 친구가 하니까, 동기가 하니까, 옆 동료가 하니까 따라 하는 것은 패배하는 지름길이다.

어떻게 생각을 바꿔야 할까? 바뀌려는 열망, 용솟음치는 도전 정신은 어떻게 만들어야 하는가? 질문도 내가, 답도 내가 해야 한다. 왜 변하려는지, 왜 굳이 편한 순간을 포기하고 도전하려고 하는지 나 스스로 이유를 찾아야 한다. 건강을 위해서든, 좋은 성적을 받아 대기업에 취직하기 위해서든, 몇 수 앞을 바라보고 또 바라봐야 한다. 미래를 그려 보고 미래를 이루기 위해서 지금 무엇을 해야 할지 골똘히 사색해야 한다.

이유를 찾았다면 할 수 있다고 말하라. 스스로에게 외치고 가족에게 전달하고 친구에게 선언하라. 마음 깊숙한 곳에서 나는 할 수 있다고 믿어야 한다. 믿든 안 믿든 달라지는 건 없다. 밑져야 본전이다. 믿음에 돈이 드는 것도 아니고 믿는다고 해서 손해 볼 일도 없다. 나를 신뢰해야 어제와 다른 오늘, 지난해와 다른 올해를 보낼 수 있다. 생각이 바뀌면 행동이 바뀐다.

challenge

# 7

# 내 라이벌은 어제의 나

## 나를 온전히 받아들이는 연습

어제보다 나아지는 데 초점을 둔 건강한 도전 정신을 함양하려면 무엇보다 있는 그대로의 나를 받아들여야 한다. 나는 이 사람보다 부유하다거나 뛰어나다는 생각은 '나는 이 사람보다 가난해', '저 사람보다 열등해'라는 생각을 동시에 불러온다. 긍정적인 생각보다 부정적인 생각의 파괴력이 크다. 비교를 해서 얻는 장점보다 단점이 더 많다.

비교는 아무것도 하지 못하게 만드는 족쇄가 된다. 전 세계에서 1등이 되지 않는 이상, 어떤 분야에서든 나보다 뛰어난 사람이 존재할 수밖에 없다. '다른 사람보다 잘해야 해', '남보다 우수해야 해'라는 생각은 내가 남보다 뛰어나다는 인정을 받아야 하는 부담으로 작용한다. 그 결과로 애초에 물속에 발을 담그지 않으려 한다. "내가 너보다 못하는 건 내가 시작하지 않았기 때문이야, 내가 만약 시작하기만 하면 너보다 훨씬 나을걸?"이라고 자위하며 아무것도 하지 못하게 된다.

나보다 뛰어난 사람을 보고 주눅 들지 말자. 영어 공부를 하겠다고 다짐하면 나보다 영어를 잘하는 사람만 보인다. 내 옆자리 동료의 발음이 유창해 보이고, 친구가 공부하는 자료의 난이도에 혀를 내두른다. 바디프로필을 찍기 위해 운동을 시작하면 옆에서 운동하는 사람의 몸을 보고 기가 죽는다. 힘차게 손발을 뻗고 운동해야 하는데 옆 사람이 비웃지 않을까 걱정하며 소심하게 손을 움직인다. 나보다 뛰어난 사람 앞에서 작아지는 것이다.

고등학교 2학년 때 프로게이머로 데뷔한 나는 공부에 소홀할 수밖에 없었다. 친구들은 야간자율학습을 했지만 나는 야간자율학습 시간에 PC방에 갔다. 프로게이머가 되는 게 꿈이었고, 더 높은 곳에 올라가고 싶었다. 수업 시간에 최대한 집중했지만 예습·복습까지 할 시간이 없었다. 게임을 할수록 학업 성적은 떨어졌다. 고등학교 3학년이 되었다. 내 성적은 바닥이었다. 4월에 치른 모의고사 점수는 180점이었다. 웬만한 대학에는 지원하기 어려운 점수였다. 하지만 개의치 않았다. 공부하면 점수가 오를 거라고 생각했기 때문이다. 고등학교 3학년 때는 수능준비에 매진하기로 결정했고, 열심히 공부한 결과, 성적이 수직 상승했다. 모르는 건 친구에게 물어보고 게임하듯이 공부했다. 180점이었던 성적은 수능을 치를 즈음에는 300점이 되었고 희망했던 대학보다 더 좋은 대학에 진학했다.

누군가는 게임만 하던 아이가 공부를 한다고 하니 비웃었을 것이다. 아무리 노력해도 소용없다고 생각했을 것이다. 그러나 나는 그렇게 생각하지 않았다. 할 수 있다고 생각했고, 목표를 이룰 수 있으리라 믿었다. 게임에 전념해서 프로게이머가 되었듯이 무엇이든 시간을 투자하고 몰두하면 성과를 거두리라 믿었다. 믿음은 현실이 되었다.

## 내 경쟁자는 거울 속의 나

내가 말하는 성공은 다른 사람보다 더 뛰어나야 한다는 상대적인 개념이 아니라 어제보다 나은 내일을 보내고, 과업에 몰입하면서 성취감을 얻는 것이다. 나 자신이 어제보다 1그램, 1밀리미터라도 나아진다면 그것이 성공이다. 다른 사람보다 더 잘하게 되는 건 부수적으로 따라오는 결과일 뿐이다.

동기 부여가 개리 비숍은 『내 인생 구하기』에서 주관을 지니라고 설파한다. "자극이든, 동기부여든, 열정이든, 뭐가 됐든 당신이 인생에서 찾고 있는 그것은 당신이 갖고 있다. 과거에도 그랬고, 지금도 그렇고, 앞으로도 그럴 것이다. 원하는 인생을 살려면 지금도, 앞으로도 당신이 선택의 주체가 되어야 한다."[3]

내가 싸울 상대는 남이 아니라 바로 나다. 나와의 경쟁에서는 이기더라도 겸손해진다. 우쭐거리거나 으스대지 않는다. 내일은 오늘의 나와 경쟁해야 하기 때문이다. 나를 있는 그대로 받아들이고 내가 할 수 있는 일에 집중하자. 성공의 문턱을 낮춰라. 이것이 바로 이 책의 핵심 메시지다.

그렇다면 비교는 항상 나쁜 걸까? 물론 그렇진 않다. 긍정적인 비교는 마음을 다잡고 실천의 효율을 높이는 데 도움이 된다. 다른 사람과 나를 비교하면서 내 단점이 아니라 상대의 장점을 바라볼 수 있으면 비교해도 좋다. 다른 사람의 장점만 받아들이려면 온전히 나를 받아들이기 위한 자존감, 나도 다른 사람처럼 잘할 수 있다는 자신감이 필요하다.

나는 나고, 남은 남이다. 내가 성장했는지 아닌지는 판단하는 기준은 누구도 아닌 내가 되어야 한다. 누군가가 20만큼 성장했을 때 나는 10만큼 성장하더라도 만족할 줄 아는 태도, 자신이 성장하는 모습에 감탄하는 마음가짐은 결국 최후의 승자가 되는 지름길이 될 것이다.

challenge

# 8

# 늦었다고 생각할 때가 진짜 늦었다

"늦었다고 생각할 때가 가장 빠른 법이다."

발 빠른 행동을 촉구하는 유명한 격언이다. 코미디언 박명수는 "늦었다고 생각할 때가 진짜 늦었다. 그러니 당장 시작하라."라고 우스갯소리로 말했다. 누구나 새로운 도전을 고려하다가도 '아, 너무 늦은 것 같아'라고 한탄한 적이 있을 것이다. 하지만 늦었다고 후회할 때가 바로 가장 좋은 타이밍이다.

혹자는 말한다. "이 나이에 무슨 영어 공부야?", "결혼도 했겠다. 잘 보일 사람도 없는데 몸을 가꿔서 뭐 하게? 시간 낭비지.", "어휴, 지금 와서 무슨 책을 읽겠다고, 학창 시절에 열심히 읽어둘걸." 많은 사람들이 입을 모아 앵무새처럼 이야기한다. "지금은 늦었어. 딱 1년만 젊었으면 도전했을 텐데, 지금은 하나 마나 소용없어. 다 쓸모없는걸."이라고 말이다. 그러나 시간이 흘러 1년이 지나면 그때 다시 지금처럼 1년 전을 그리워한다. '조금만 어렸어도 시작했을 텐데'는 백반의 김치처럼 빠지지 않고 나오는 단골 핑계 메뉴다. 애초에 '늦었다'라는 것을 가늠하는 기준은 존재하지 않는다. 도전에 유통 기한은 없다.

영어 학원에는 학생밖에 없을까? 아니다, 과장님도 있고 부장님도 있다. 오히려 직장인이 영어 공부에 매진한다. 내가 일하는 부서를 관장하는 상무님은 항상 6시 30분에 출근해서 영어회화를 공부한다. 내가 가끔 회사에 일찍 도착해서 7시쯤 사무실에 도착하면 어디선가 영어를 말하는 소리가 들린다. 영어 발음에 경상도 사투리가 섞여있고 같은 문구가 반복될 때도 많다. 상무님의 모습을 바라보면서 '저 나이가 되도록 저 정도밖에 영어를 못하나? 발음이 왜 저래?'라고 생각한 적은 한 번도 없다. 주위의 시선에도 기죽지 않고 또박또박 자신의 의견을 영어로 말하고 매일같이 영어 회화 공부를 실천하는 상무님의 모습에 오히려 존경심이 든다. 조용히 귀를 기울이면 상무님 자리 맞은편에서도 영어로 대화하는 소리가 들린다. 전무님의 사무실이다.

'대기업의 임원이 될 정도라면 당연히 열심히 해야 하는 거 아니야? 나는 저렇게 못해. 나는 임원이 될 생각도 없고 지금

이 순간에 만족해.'라고 생각하는가? 내가 하고 싶은 말의 요점은 도전하는 데에 있어 나이는 변수가 아니라는 것이다. 수많은 임직원이 온라인 영어 강좌를 수강하고 일찍 출근한 임원은 자리에서 영어 공부를 한다. 기업 환경이 세계화되면서 수시로 외국인 인사가 영입된다. 영어를 못하면 동료와 원활한 의사소통이 힘들고, 인사 고과 평가에도 영향을 받는다. 영어 공부는 더 이상 10대, 20대의 전유물이 아니다. 나이가 들어도 꾸준히 공부해야 한다.

이오덕 선생의 저서 『바른 말 바른 글』에는 일흔 살에 한글을 배워 글을 쓴 할머니들의 산문을 소개하고 있다. 일흔 살 할머니들의 글씨는 마치 일곱 살이 쓴 것 같았다. 글자는 투박하고 맞춤법도 왕왕 틀렸지만 할머니들이 쓴 시는 어떤 문학 작품보다도 아름다웠다.

고령의 나이에도 도전하는 사람을 볼 때 어떤 생각을 하는가? 저 나이가 되도록 뭐 했는지 모르겠다며 비웃는가? 저 나이에 주책 아니냐는 생각이 드는가? 나는 이루 말할 수 없는 경외감과 존경심이 든다. 늦은 나이에도 도전 정신을 잃지 않고 무엇 하나라도 더 배우려는 자세는 나를 돌아보게 만든다. 나는 늦었다며 핑계 대지는 않았는지 나를 반성하게 된다.

다시 한번 생각해보자.

운동을 시작하기에 가장 좋은 시점은 언제인가?

악기를 배우기에 가장 좋은 때는 언제인가?

책을 쓰기에 가장 좋은 나이는 몇 살인가?

유튜브 채널을 개설하기에 가장 좋은 시기는 언제인가?

정답은 모두 같다. 바로 지금 이 순간이다. 늦었다고 생각하는 건 나 하나뿐이다. 지금 바로 실행하라.

part 2

# Action

## 미래를 바꾸는 실천

action

1

# 미친 실천력은 재능을 압도한다

## 남은 것은 실천뿐이다

생각의 전환을 끝냈는가? 어제와는 다른 오늘을 보내기로 마음먹었는가? 친구, 동료의 장점만 보고 부러워만 했던 지난날의 내 모습을 바꾸기로 결심했는가? 그렇다면 모든 준비는 끝났다. 이제 실천할 차례다. 무엇부터 실천해야 하냐고? 목표를 정하고 계획을 세우는 것부터 실천하라.

많은 사람이 목표와 계획을 혼동한다. 목표는 이루고 싶은 이상향이고, 계획은 목표를 달성하기 위한 수단이다. 목표가 계획보다 상위 개념이라고 생각하면 이해하기 쉽다. 경우에 따라 목표를 계획이라고 볼 수도 있고, 계획 그 자체가 목표가 되기도 하지만 일반적으로는 계획을 실천하면서 목표를 달성하게 된다.

목표라는 과녁에 활을 쏘아 정중앙을 맞추기 위해서는 계획을 꼼꼼히 세워야 한다. 견문을 넓혀 여유로운 사람이 되는 게 목표라면 유럽 여행을 계획으로 세울 수 있다. 그 순간 유럽 여행은 작은 목표가 된다. 언제, 어디로, 얼마 동안 여행을 갈지, 예산은 얼마나 들고 어떻게 마련해야 하는지 세부 계획을 짜야 한다. 세부 계획은 또다시 작은 목표가 된다. 하나하나 자세히 따져가며 가장 작은 단위의 계획까지 내려가면 된다. 목표를 달성하기 위해 세우는 상세한 목록이 계획이고 실천 강령이 된다.

실천의 효과를 극대화하기 위해서는 목표와 계획이 뚜렷해야 한다. 목표는 도전 정신, 실천과 영향을 주고받는다. 목표가 원대하면 도전 정신도 그에 맞게 커질 것이고 실천하기 위한 동기 또한 증폭될 것이다. "S=CaR"에 의거하자면, C와 a가 커지면 S도 커진다. 목표를 크게 설정할수록 위대한 성취를 거두게 된다. 목표는 원대하게, 실천 강령은 작게 나누는 게 이상적이다.

## '이러면 안 되는데' 싶을 때를 놓치지 마라

A는 영어 성적을 올리고 싶은 고등학생이다. 그는 중간고사 성적표를 받고 좌절했다. 영어 성적이 반에서 꼴찌였다. 나보다 시험을 못 봤을 것이라 생각했던 B조차 A보다 10점이나 점수가 높았다. 공부에 흥미는 없지만 꼴찌라는 성적표를 받아드니 심장이 덜컹했다. 이대로 가다간 큰일이 날 거라는 두려움이 일었다. A는 잠자리에 누워 생각했다. 기말고사에서는 반드시 영어 성적을 10등 안에 들게 만들 것이라고, 어떤 일이 닥치더라도 내일부터는 열심히 영어 공부를 할 거라고.

다음날 애써 졸린 눈을 비비며 일어난 A는 언제 그랬냐는 듯 비몽사몽하며 아침을 대충 먹고 지각을 간신히 면할 정도의 시간에 등교했다. 수업 시간에는 꾸벅꾸벅 졸았고 쉬는 시간에는 친구들과 수다를 떨었다. 이러면 안 되는데 싶은 생각이 잠시 들었지만 '내일부터 열심히 하면 되겠지'라며 스스로를 안심시켰다. 어느덧 기말고사 시험이 다가왔다. 후회가 밀려온다. 중간고사 성적표를 받아들고 열심히 공부하겠다고 다짐한 기억이 떠올랐다. 하지만 때는 늦었다. 벼락치기 공부를 했지만 지문을 해석할 수 없었다. 결국 A는 무작위로 답안을 체크하고 엎드려 잠을 잘 수밖에 없었다.

A의 잘못은 무엇일까? 중간고사에서 꼴찌를 할 정도로 선행 학습을 하지 않은 것이 문제일까? 아니면 B를 얕본 것이 실수일까? 아니다. A의 실책은 꼴찌라는 성적표를 받아 들고 변화하려는 마음이 일렁이는 그 순간을 낚아채지 않고 무심히 흘려보낸 것이다. '이러면 안 되는데' 싶은 순간은 바로 절호의 찬스다. 그 순간을 도약의 기점으로 삼고 스스로를 돌아보는 시간을 가졌어야 했다. 기말고사에서는 영어 성적을 10등 안에 들게 만들겠다는 다짐으로 끝내는 것이 아니라 기말고사에서 10등 안에 들기 위해 계획을 세우고, 왜 10등 안에 들어야 하는지 생각했어야 했다. 목표를 이루기 위한 방법을 고민하지 않으면 변화는 일어나지 않는다.

## 목표를 높이 확장하고 계획을 잘게 부수어라

영어 성적이 10등 안에 들어야 하는 이유는 무엇인가? 좋은 성적을 받아서 원하는 대학에 입학하기 위해서다. 그렇다면 원하는 대학에 입학하려고 하는가? 양질의 수업을 듣고 원하는 일을 하기 위해서다. 원하는 일을 하려는 이유는 무엇인가? 좋아하는 일을 하면서 보람을 느끼기 위해서다.

그렇다면 영어 성적이 10등 안에 들어가기 위해서는 무엇을 해야 하는가? 영어 듣기와 읽기를 잘 해야 한다. 영어를 잘 듣고 잘 읽으려면 어떻게 해야 하는가? 문제를 반복해서 듣고, 모르는 단어는 암기하고, 문법을 숙지해야 한다. 문법을 익히려면 어떻게 해야 하는가? 기초 문법책을 펴서 문장을 많이 읽어야 한다. 하루에 문법책 1페이지, 초등 수준 동화책 1권을 읽어야 한다.

목표를 확장하고 계획을 세우는 방법을 예시를 사용하여 아주 단순한 방법으로 소개했다. 실제로는 훨씬 더 복잡하다. 5분 만에 답이 나오는 고민이 있는 반면 하루, 일주일을 궁리해도 끝이 보이지 않는 목표와 계획도 있다. 여기서 핵심은 스스로 고민하고 적어보고 생각해보는 것이다. 꼭대기 층에 있는 목표와 맨 아래층에 있는 계획을 수시로 오가며 생각에 생각을 거듭해야 한다.

## 입질이 왔을 때 낚아채라

인생은 타이밍이다. 타이밍은 자주 오지 않는다. 변화하고 싶은 열망이 일렁거렸을 때를 절대 놓치면 안 된다. 때를 놓치면 다시 타이밍이 오기까지 시간을 허비하게 된다. 맹수가 기회를 포착하면 순식간에 달려들어 사냥감을 낚아채듯이 우리

또한 타이밍을 낚아채야 한다. A는 누워서 다짐만 할 게 아니라 이불을 박차고 일어나서 왜 영어 성적이 10등 안에 들어야 하는지, 그렇게 하기 위해서는 어떻게 해야 할지 생각해야만 했다.

계획을 세워야 목표라는 과녁을 바라보며 활시위를 당길 수 있다. 만약 계획을 세웠음에도 실천하지 않으면 어떻게 해야 할까? 그럼 내가 세운 목표가 정말 이루고 싶은 것이었는지 다시 돌아봐야 한다. 10등 안에 들겠다는 열망이 순간의 객기였는지, 간절히 바라는 목표였는지는 바로 행동이 증명한다. 애써 힘들게 당긴 활시위를 스스로 내려놓을 생각인가? 활시위를 당기지 않으면 목표는 눈앞에서 점점 멀어진다. 목표가 굳건하고 계획을 실천할 마음이 들었을 때 비로소 성공은 눈앞으로 다가오기 시작한다.

action

# 2

# 계획을 세울 때는 콧방귀를 뀌어라

## 드러눕기 전에 다시 일어나라

건강한 하루를 보내기 위한 내 실천 계획은 하루에 팔굽혀펴기 15번을 하는 것이었다. '애개, 겨우 팔굽혀펴기 15회? 그 정도는 누구나 손쉽게 할 수 있는 건데 실천 계획이라고 말하기에는 쑥스럽지 않나?'라고 생각했다면, 당신은 성공할 자격을 이미 갖추고 있다.

내가 누군가에게 콧방귀가 나올 만한 계획을 세운 까닭은 평소에 운동을 하나도 안 하기 때문이다. 숨 쉬고 걷는 게 전부인 생활 패턴에 운동이라는 불편한 행동을 집어넣는 것에 대한 부담을 덜기 위해서다.

위에 언급했듯이 사람은 편안한 상태를 유지하려고 한다. 뇌가 그렇게 프로그래밍 되어있다. 앉으면 눕고 싶고, 누우면 자고 싶은 게 인간의 마음이다. 뇌를 살살 꼬드겨서 몸을 움직여야 하기에 계획은 아주 만만해야 한다. 부담스러운 실천 계획을 세우면 뇌가 극렬하게 저항한다. 누가 봐도 실천하기 힘들 것 같은 계획을 세우는 건 하루만 실천하고 말겠다는 뜻이다.

UCLA 의과대학 임상심리학자 로버트 마우어는 저서 『끝까지 계속하게 만드는 아주 작은 반복의 힘』에서 이야기한다. "운동하는 습관을 기르려면 러닝머신 위에 올라가는 것부터 시작해야 한다. 러닝머신 위에 올라가서 가만히 텔레비전을 시청하라. 러닝머신에 올라가는 게 편해졌을 때 1분 동안 달려라. 1분이 편해지면 3분을 달려라. 러닝머신 위에서 땀 흘리며 운동하는 것보다 러닝머신 위에 발을 올리는 게 훨씬 어렵지만 제일 중요하다. 러닝머신 위에 올라가지 않으면 달릴 수 없기 때문이다."[4]

## 성공 공식의 a에 주목하라

"S=CaR"을 기억하라. 실천이 없으면 성공도 없다. a가 대문자 A가 아닌 것에 주목하라. a를 소문자로 표기한 것은 아주 작은 것부터 실천하라는 의미이다. 아무리 도전 정신이 크더라도 실천으로 이어지지 않으면 무용지물이다. 생각하는 것과 행동하는 것은 극과 극의 차이다. 아주 달성하기 쉬운 계획부터 실천해야 한다.

내가 하루에 팔굽혀펴기를 15회 하는 걸로 계획을 세운 것도 이 때문이다. 팔굽혀펴기를 15회 하는 데는 10초 남짓 걸린다. 하루에 10초를 못 낼 사람이 있겠는가. 나도 계획을 적으면서 콧방귀를 뀌었다. 이것도 실천 계획이라고 할 수 있는 건지 의심스러웠다.

나는 지금 하루에 팔굽혀펴기를 몇 회 하고 있을까? 무려 45회나 하고 있다. 아침에 일어나서 15회, 퇴근하고 집에 도착해서 15회, 잠자기 전에 15회를 한다. 주말에는 100회 넘게 할 때도 있다. 컨디션이 좋을 때는 스쾃, 복근 운동까지 곁들이고 있다. 아무런 운동도 하지 않았을 때와 비교하면 장족의 발전이다. 운동이 익숙한 사람에게는 여전히 헛웃음이 나올 수준이겠지만 운동하지 않으려는 내게는 천지가 개벽할 일이 벌어진 것이다.

도쿄대 교수 니시나리 카츠히로는 『이것은 생존을 위한 최소한의 생각법이다』에서 말했다. "'목표'라는 말을 들으면 고상하고 멋진 것으로 정해야 한다고 생각하고 있지는 않나요?

지나치게 큰 목표는 좌절하기 쉽습니다. 큰 목표를 달성하기 위해, 그에 선행하는 작은 목표를 많이 세워서 하나씩 통과해 나가면 됩니다."[5]

팔굽혀펴기 15회 하기는 다른 운동도 할 수 있다는 자신감을 심어주었다. 날마다 스스로의 약속을 지키고 할당량을 초과 달성하며 운동에 재미를 붙이고 있다. 실천 계획이 만만했기에 느낄 수 있는 성취감이다. 하루에 팔굽혀펴기 100회 하기와 같이 부담스러운 계획을 세웠다면 제풀에 지치고 말았을 것이다. 계획은 눈 감고도 실행에 옮길 수 있는 것이어야 한다. 빈센트 반 고흐는 말했다. "위대한 성과는 소소한 일들이 모여 조금씩 이루어진 것이다." 어제 과음을 했더라도, 오늘 야근을 하더라도 실행할 수 있는 계획이어야 한다. 부담을 내려놓고 편안하게 실천 계획을 짜보자. 계획을 수행하면서 성취감을 느끼고 자신감을 갖자. 한 달, 일 년이 지나면 지금보다 훨씬 어렵게 느껴지는 계획도 부담스럽지 않은 계획이 될 것이다.

action

3

# 하나, 둘, 셋, 숫자로 말하라

## 집요하게 숫자를 써라

앞서 반에서 영어 성적이 10등 안에 들기 위해 A가 짜야 할 실천 계획에 대해 이야기했다. 예시로 든 실천 계획에는 요점이 숨어있다. A가 해야 할 일을 다시 살펴보자.

"하루에 문법책 1페이지, 초등 수준 동화책 1권을 읽는다."

무엇이 보이는가? 그렇다. 문장마다 숫자가 들어있다. 실천 계획은 숫자로 표현해야 효력을 발휘한다. 숫자가 없는 계획은 단팥 없는 찐빵이다. 숫자로 쓰지 않으면 금방 잊힌다. 일주일만 지나도 무슨 계획을 세웠는지 기억이 나지 않는다. 집요할 정도로 숫자를 적극적으로 활용해야 한다.

아주대 심리학과 김경일 교수는 말한다. "계획은 나눗셈이다. 계획은 목표를 달성하기 위해 하루 단위로 해야 할 일을 쪼개는 작업이다. 1년 뒤에 원하는 것을 이루기 위해 하루에 몇 분 동안 어떤 일을 해야 할지 세분화해야 한다."[6]

나누려면 숫자로 표현해야 한다. 숫자를 쓰지 않으면 정확하게 나누지 못한다. 한 달에 90분 운동하기로 계획을 세워야 하루에 3분 운동하기로 나눌 수 있다. 한 달에 책 한 권 읽기로 계획을 세워야 하루에 10페이지 읽기로 나눌 수 있다. 숫자를 써야 하루에 달성해야 할 할당량을 계산할 수 있다. 눈에 보이는, 손에 잡히는 계획을 세워야 꾸준히 실천하게 되고, 실천에 탄력이 붙어 계획을 초과 달성하게 된다.

## 숫자의 힘

우리는 목표를 형용사와 동사로 표현하는 데 익숙하다. 올해 목표가 무엇이냐는 질문을 받으면 "열심히 살겠다. 최선을 다하겠다. 전력을 쏟겠다. 주변 사람을 사랑하고 남에게 피해를 주지 않겠다."라고 말한다. "아침에 5시에 일어나겠다. 일주일에 세 번 헬스장에 가서 한 시간 동안 운동하겠다. 날마다 5분씩 영어 문장을 외우겠다."라고 말하는 사람은 드물다. 계획이 명확하지 않으면 성과도 명확하지 않다.

올해는 숫자의 효과를 여실히 체감하고 있다. 지난해에 세운 새해 목표와 계획은 다음과 같았다.

**목표: 건강해지기**

**계획: 운동하기**

부끄럽지만 지난해에 단 한 번도 운동하지 않았다. 가끔 공원을 산책하고 산에 오르기도 했지만 일시적인 행동이었다. '시간이 나면 운동해야지, 여유가 생기면 운동해야지'하고 차일피일 미루다가 1년이 지났다. 올해는 숫자로 계획을 세웠다. 목표는 똑같지만 계획이 바뀌었다. 앞서 말한 〈하루에 팔굽혀펴기 15번 하기〉로. 계획을 세운 이후로 지금까지 하루도 거르지 않고 팔굽혀펴기 15회를 하고 있다. 〈운동하기〉라는 두루뭉술한 계획을 세웠을 때보다 어떤 운동을 하루에 몇 회 할지 정한 것이 훨씬 효과적이었다. 〈운동하기〉는 모호하다. 똑같은 활동을 해도 어떤 날은 운동을 한 것 같기도 하고 어떤 날은 운동을 한 건지 아닌지 애매하다. 〈운동하기〉라는 계획 자체가 불명확하기 때문이다.

숫자가 포함되지 않은 계획을 세운다는 것은 하고 싶지 않다는 말과 같다. 목표를 정했다면, 목표를 달성하고 싶은 마음이 절실하다면 숫자를 써서 최대한 자세하게 계획을 세워라. 더 이상 구체적으로 표현하지 못할 정도까지 구체적으로 계획을 세우는 게 가장 좋다. 핵심은 숫자다. 숫자가 나를 움직이게 만든다.

action

**4**

# 만족 원숭이를 물리쳐라

## 마감 기한이 없는 목표의 마감 기한을 정할 시간

강연가 팀 어번은 TED에서 〈할 일을 미루는 사람의 심리〉를 주제로 강연했다. 그는 말했다. "저는 석사 학위 논문을 쓰기 위해 1년 동안 해야 할 일을 균등하게 나누고 실천 계획을 세웠습니다. 1년 동안 꾸준히, 균등한 작업량으로 학위 논문을 작성하는 게 계획이었습니다. 하지만 저는 학위 논문 제출 3일 전까지 아무것도 하지 않았습니다. 이대로 가면 큰일 나겠다는 생각으로 48시간 동안 자지 않고 논문을 작성했습니다. 그리고 겨우 제출 시간에 맞춰 논문을 제출했습니다. 누구나 비슷한 경험을 해봤을 것입니다."

“우리는 모두 미루는 사람입니다. 뇌에는 이성적인 사고를 담당하는 항해사가 키를 잡고 있지만 항해사 바로 옆에는 놀고 싶어 하는 만족 원숭이가 있습니다. 만족 원숭이는 언제나 항해사를 방해합니다. 항해사가 잡고 있는 운전대를 빼앗고 우리를 놀게 만듭니다. 10분 전에 연 냉장고를 다시 열게 하고, 쓸데없이 인터넷 사이트를 훑어보게 만듭니다.”

“원숭이가 두려워하는 존재가 하나 있습니다. 바로 패닉 몬스터입니다. 패닉 몬스터는 마감 기한이 얼마 남지 않은 순간에만 찾아옵니다. 마감 기한이 임박하면 우리는 무서운 집중력을 발휘해서 과업에 몰두합니다. 하지 않으면 큰일 나기 때문이죠. 성취를 거두려면 마감 기한을 설정해야 합니다. 우리의 삶에 진짜로 영향을 주는 갖가지 일은 마감이 없는 경우가 많습니다. 운동, 독서, 공부 등 마감 기한이 없는 일에는 패닉 몬스터가 나타나지 않습니다. 언제까지나 만족 원숭이의 지배를 받고 일을 미루게 됩니다.”[7]

## 만족 원숭이를 물리쳐라

팀 어번은 뇌의 메커니즘을 통해 사람이 일을 미루는 이유에 대해 알기 쉽게 설명했다. 누구나 마감 기한 직전에 친구의 과제를 베낀 경험이 있을 것이다. '다음에는 미리 해야지, 얼른 하고 쉬어야지, 일이 몰리지 않도록 균등하게 배분해야지.'라고 다짐하지만 그 다짐이 실천으로 옮겨지는 경우는 거의 없다. 며칠 뒤에 누가 과제를 다 했는지 물색한다. '운동해야지', '악기를 배워야지', '봉사활동을 해야지', '책을 읽어야지'와 같은 말은 입 밖으로 떠나는 순간 공기 속으로 아스라이 사라진다. 30분만 지나면 머릿속에서도 사라진다. 목표를 정하고 실천 계획을 세울 때는 반드시 마감 기한을 설정해야 한다.

마감 기한이라고 어렵게 생각할 필요는 없다. 우리는 이미 마감 기한을 정해서 계획을 세우는 법을 익혔다. 예를 들어 〈하루에 10번 윗몸일으키기 하기〉는 아침에 일어나서 잠자기 전까지 실천해야 한다는 마감 기한이 있다. 〈1년 뒤에 5킬로그램 감량하기〉가 목표라면 목표를 달성하기 위한 실천 계획을 하루 단위로 쪼개면 된다. 누누이 강조하지만 부담이 느껴지지 않는 수준으로 계획을 세워 '실천'해야 한다. 예를 들면, 3분 동안 달리기나, 10분 동안 산책하기와 같은 방식으로 말이다.

모든 사람의 뇌에는 만족 원숭이가 득실거리고 있다. 만족 원숭이를 물리치는 방법은 두 가지다. 첫째, 만족 원숭이의 방해에도 아랑곳하지 않을 만큼 실천 강령을 습관으로 만드는 것이다. 아무리 귀찮아도 밥을 먹은 다음 양치질을 하는 것처럼 말이다. 둘째, 마감 기한을 짧게 설정하는 것이다. 하루 단위, 12시간 단위로 마감 기한을 설정하라. 행위의 난이도가 중요한 것이 아니라, 했느냐 안 했느냐가 관건이다. 평소 생활에 부담이 가지 않는 범위에서 실천 계획을 설정하라. 팀 어번이 조언한 것처럼 미루지 않기 위해 마감 기한을 설정하라. 만족 원숭이를 물리치는 방법은 바로 계획에 있다.

action

# 5

# 실천, 성공으로 향하는 구름다리

## 지금 이룰 수 있는 목표를 설정하라

실천은 성장이라는 항해에 나타나는 파도와 같다. 당신이 파도에 밀려 항해를 멈출 것인지, 파도를 타고 더 빠른 속도로 나아갈 것인지는 실천하느냐 하지 않느냐에 달려있다. 목표를 정하고 실천 계획을 세웠다면 엉덩이를 들어야 한다. 언제 시작해야 하냐고? 바로 지금이다. 읽는 책을 덮고 아무 행동이나 시작하는 것이 최고의 방법이다. 하굣길, 퇴근길에 세운 계획이라면 집에 도착하자마자 시작하라. 예를 들어 오늘부터 날마다 10분씩 일기를 쓰기로 마음먹었다면 집에 가는 길에 일기장을 사서 집에 도착하자마자 가방을 내려놓고 일기를 쓰는 것이다. 바로 지금, 당장 움직여야 한다. 의지가 타오를 때 시작하라. 책을 읽는 시간보다 무언가를 실천하는 시간이 더 가치 있음을 명심하자. 책을 덮고 바로 무언가를 할 수 있다는 것만으로도 책의 역할은 끝이다. 아무것도 하지 않으면 아무것도 변하지 않지만, 몸을 움직이면 반드시 변화가 찾아온다. 당신이 망설이는 와중에도 시간은 흐르고 있다. 나중에는 타이밍을 놓쳐서 하고 싶어도 할 수 없는 때가 온다.

혹자는 말한다. "무언가를 시작했는데 아무것도 바뀌지 않으면 어떻게 하지? 차라리 편하게 유튜브를 봤으면 즐거운 시간을 보냈을 텐데 괜히 사서 고생하는 것 아닌가?"라고 말이다. 이는 최악의 결과를 미리 가정하고 하는 말이다. 삶의 효율이 중요하기에 오르지 못할 나무는 쳐다보지도 않겠다는 뜻이다. 반은 맞고 반은 틀렸다. 이렇게 생각하는 이유는 목표를 잘못 설정했기 때문이다.

예를 들어 김연아, 손흥민처럼 세계 최고의 스포츠 선수가 되겠다는 목표를 세웠다고 하자. 우리가 아무리 노력해도 세계 최고의 자리에 오르는 건 불가능에 가깝다. 연습을 거듭한들 빙판 위에서 점프하기도, 축구공을 원하는 방향으로 차는 것도 어려울 것이다. 목표가 비현실적이기 때문에 달성하기 어려운 것이다. 내가 주장하는 건 이런 거창한 목표가 아니다. 어제보다 조금 더 나아지는 하루를 보내는 게 진짜 목표다. 꿈을 크게 꾸고 원대한 목표를 세우는 것도 좋지만 터무니없는 목표는 스스로를 무릎 꿇게 만든다는 걸 명심해야 한다. 실천 계획이 만만한 것이어야 하는 것처럼, 실력이 쌓이기 전에는 목표도 만만해야 한다.

동기 부여 전문가 페트르 루드비크는 『미루는 습관을 이기는 작은 책』에서 장애물의 높이를 낮추라고 말한다. “당신이 해야 하는 일들은 대부분 처음에는 하기 싫을 것이다. 그런 일들은 ‘감정적인 거부감’을 일으켜 어떤 결정도 할 수 없게 만들고 결국 할 일을 미루는 지경으로 몰아간다. 당신의 이성은 그 일을 끝내야 한다고 말하지만, 부정적인 감정은 그 일을 하지 못하도록 방해한다. 결정 마비를 극복하려면 우선 장애물을 최대한 낮게 설치해야 한다.”[8]

## 실천이 변화를 이끈다

한 가지는 장담할 수 있다. 움직이면 반드시 달라진다. 실천하면 무조건 변한다. ‘무조건’이라는 단어에 주목하라. 설령 계획한 대로 실천하지 못했더라도 무엇 때문에 계획대로 하지 못했는지, 내가 감당할 수 있는 범위는 어디까지인지 알게 된다. 그에 따라 내 현주소에 맞춰서 계획을 수정하고 스스로 만족하는 수준을 인지하게 된다. 계획을 조정하고, 실행하고, 성취하고, 다시 계획을 상향 조정하면서 실천하는 사이클 속에서 우리는 계속 성장하게 된다.

정신과 전문의 이시형 박사는 책 『공부하는 독종이 살아남는다』에서 뇌의 학습 사이클을 소개했다. "뇌는 새로운 학습을 좋아한다. 뇌는 무슨 행동을 하든 기분이 좋아지면 도파민을 분비하고 그 일을 지속시키려 한다. 뇌는 좋은 것을 좋아하기 때문이다. '행동 → 보상 → 반복 → 습관 → 숙달 → 향상 → 달성 → 칭찬'의 과정은 학습에서 대단히 중요한 뇌의 메커니즘이다. 이러한 순환의 반복이 성공적인 공부의 지름길이다. 이 과정에서 우리 뇌에는 중요한 변화가 일어난다. 도파민이 분비되고 신경세포 연결망이 증식되며 새로운 회로가 형성된다."[9]

도전하려는 분야에서 나보다 앞선 사람에게 물어보라. 영어를 잘하고 싶다면 영어 강사에게, 말을 잘하고 싶다면 아나운서에게 어떻게 그런 경지에 올랐는지 물어보라. 그들은 한결같이 대답할 것이다. "글쎄, 뭐라고 콕 집어 말할 수는 없지만 시간을 들여서 연습하고 공부하다 보니 어느새 이렇게 됐어."

하루가 이틀이 되고 이틀이 열흘, 한 달이 되는 순간 우월한 실력을 갖추게 되는 것이 성장이다. 하루가 없으면 이틀도, 열

흘도, 한 달도 없다. 오늘 하루 움직이느냐 마느냐가 한 달 뒤를 결정한다. 어제보다 나은 오늘을, 오늘보다 나은 내일을 보내고 싶다면 움직여야 한다. 주저하지 말고 일어서라. 뭐라고 할 사람은 아무도 없다. 지금 머릿속에 떠오르는 그것을. 지금 당장, 곧바로 실행하라.

action

# 6

# 고통이 성장을 부른다

## 변화는 고통이다

어떤 사람은 이렇게 말한다. "에이, 굳이 사서 이 고생을 할 필요 있나? 그냥 적당히 공부하고 대충 운동하고 먹고 살 만큼만 돈 벌면 되잖아.", "내가 왜 고통을 견뎌야 하는 거지? 현재를 즐기면서 살자, YOLO. 주변 사람들도 다 나랑 비슷할 걸." 정체된 자신을 합리화하고 앞으로 나아가려는 의지에 스스로 브레이크를 건다. 실천은 어렵다. 머리로 아는 것과 행동으로 옮기는 것은 다른 차원의 이야기다. 누구나 탄탄한 몸을 만드는 방법을 안다. 시간을 내서 꾸준히 운동하고 식습관을 조절하는 것임을 모르는 사람은 없다. 늘어나는 뱃살을 빼는 방법을 몰라서 배가 나오는 게 아니다. 방법을 알아도 바꿀 생각이 없거나 바꿀 생각이 있어도 행동에 옮기지 않기 때문에 뱃살이 점점 불어나는 것이다. 군살 없는 연예인의 몸매를 보며 '나도 관리를 받으면 저렇게 될 수 있을 텐데'라고 생각하지만 스스로 바뀔 생각은 전혀 하지 않는다.

모든 변화는 저항을 동반한다. 조선의 건국, 미국의 인종 차별 반대 운동, 일본의 메이지 유신 등 모든 변화는 저항하는 세력과 변화하고자 하는 세력의 싸움이었다. 현재 상태에 순응하는 게 나았으면 변하지 않았을 것이다. 고려는 부패한 채 계속 이어졌을 것이고 흑인은 투표할 권리를 얻지 못했을 것이며, 일본은 근대화의 길을 걷지 못했을 것이다. 죽음을 각오하고 변화를 열망했기 때문에 바뀐 것이다. 사과나무에서 사과가 떨어지듯 시간이 지난다고 변화가 머리 위로 툭 떨어지지 않는다. '변화'라는 열매는 나무 아래에서 나뭇가지를 필사적으로 흔드는 사람만이 쟁취한다.

## 변화를 추구하는 건 인간의 본능이다

변화는 고통스럽다. 하지만 우리는 늘 변화를 추구해 왔다. 마음속 잠재의식에는 힘들지만 변하고 싶어 하는 의지가 남아 있다. 갓난아기 때 어떻게든 걸으려고 몇 천 번 넘어지고도 다시 일어서지 않았던가. 부모가 하는 말을 알아듣기 위해 어떻게든 말을 연습하고 결국 언어를 익히지 않았는가. 옷을 입는 법을 배우고, 젓가락질을 익히고, 화장실에서 스스로 대소변을 보는 방법을 터득하지 않았는가. 이를 당연한 일이라고 생각하는가? 그렇지 않다. 우리가 스스로 변화를 갈망하고 독립을 추구했기 때문이다. 평생 가만히 누워서 입만 벌리고 부모가 떠먹여주는 음식을 받아먹으면 얼마나 편하겠는가? 하지만 결국에는 혼자서 모든 일을 해결해야 하는 걸 본능적으로 알기에 변하는 것이다. 변화는 본능이다.

젓가락질을 처음 익힐 때가 기억난다. "젓가락질 잘해야만 밥 잘 먹나요, 젓가락질 잘 못해도 밥 잘 먹어요."라는 노래 가사가 유행했지만 나는 젓가락질을 능숙하게 하고 싶었다. 아버지가 반찬을 집는 손놀림을 관찰하며 똑같이 젓가락을 잡고 손을 움직였다. 처음 며칠 동안은 손가락이 저렸고 음식을 잡기가 더 어려웠다. 의식하지 않으면 금방 나만의 특이한 젓가락질로 돌아갔다. 젓가락질 못한다고 밥을 못 먹는 것도 아닌데 굳이 젓가락질을 연습할 필요가 있나 싶어 종종 포기하고 싶기도 했다. 하지만 어느 순간 나는 아버지와 같은 동작으로 젓가락질을 하게 되었다. 젓가락질 방법을 바꾼 것은 간단한 일이지만 변화의 본질을 보여준다. 처음에는 익숙하지 않지만 익숙해지면 아무것도 아니게 되는 것이 변화다. 시간이 더 지나면 내가 왜 특이한 방법으로 젓가락질을 했는지 기억조차 나지 않는다. 당연한 것의 기준이 바뀌면서 새로운 관점이 마음속에 자리 잡는다.

변화란 그런 것이다. 행동해야 바뀐다. 간단한 일일수록 좋다. 당신이 고치고 싶은 나쁜 습관, 갖고 싶은 좋은 습관이 있다면 지금 시도하라.

action

# 7

# 첫걸음, 천 리 길의 시작

## 시작이 전부다

"시작이 반이다."라는 격언이 있다. 시작의 중요성을 강조한 말인데, 나는 시작이 반이 아니라 90%, 아니 전부라고 믿는다. 시작하지 않으면 아무것도 바뀌지 않기 때문이다. 시작 없는 변화란 없다. 시작은 변화의 기점이자 터닝 포인트다. 마음속으로 어떤 생각을 품든, 행동으로 옮기지 않으면 시작했다고 볼 수 없다. 시작과 실천은 같은 말이다. 발을 내디뎌야 앞으로 나아갈 수 있다. 발을 땅바닥에 붙인 채로 앞으로 가는 방법은 없다.

'천 리 길도 한 걸음부터'라고 한다. 등산을 할 때 입구에서 산꼭대기를 쳐다보면 아득하다. 언제 저기까지 올라갈 수 있을지 걱정이 앞서지만 한 걸음 한 걸음 올라가며 돌계단도 오르고 비탈길도 지난다. 어느 정도 시간이 지나서 아래를 내려다보면 알게 된다. 내가 처음에 서 있던 곳이 얼마나 멀었는지. '벌써 이만큼이나 올라왔구나.'라고 느끼게 된다. 처음에 발걸음을 떼는 게 힘들지, 걷기 시작하면 이내 적응하고 한 걸음씩 뚜벅뚜벅 정상을 향해 우직하게 올라간다.

첫 걸음이 어려운 건 극히 자연스러운 현상이다. 정지 마찰력은 운동 마찰력보다 크다. 무거운 짐을 밀 때를 생각해 보라. 짐이 움직이기 시작하기까지가 가장 많은 힘이 든다. 짐이 움직이기 시작하면 처음보다 적은 힘이 든다. 비행기는 이륙할 때 연료의 절반을 소모한다. 활주로에서 하늘로 솟구치는 순간 에너지를 가장 많이 소비한다. 로켓도 마찬가지다. 인공위성 발사 장면을 보면 처음에 엄청난 추진력을 폭발시킨다. 하늘에 올라가기 시작하면 처음보다 에너지가 적게 소모된다.

## 내가 만드는 나만의 자연법칙

정지 마찰력뿐만 아니라 관성의 법칙 또한 시작이 어렵다는 걸 나타낸다. 관성의 법칙은 물체가 언제나 자신의 상태를 유지하려고 하는 물리 법칙이다. 야구 선수가 공을 던지면 공은 계속 같은 속도로 나아가려고 한다. 하지만, 공기 저항이 공을 느리게 만들어 땅에 떨어지게 만든다. 사람도 마찬가지다. 누구나 한자리에서 계속 머무르고 싶고, 변화에 대해 거북함을 느낀다. 지금까지 행했던 습관, 행동 패턴이 나만의 물리 법칙이 되었다. 이불 속에서 일어나지 못하고 뒤척거리는 법칙, 마음에 드는 이성에게 마음속으로만 고백하고 말 한번 걸지 못하는 법칙, 편한 것만 추구하고 조금만 어려우면 포기하는 법칙 등 나를 지배하는 물리 법칙으로 철옹성을 만들어 성을 깨는 것은 자연 현상을 위배하는 것이라고 합리화한다. 그래서 시작이 어렵다. 시작은 나를 지배하는 나만의 법칙을 망치로 깨부수는 것과 같다. 수십 년을 지배해 온 법칙을 쉽게 무너뜨리는 게 쉬울 리가 없다. 어려운 게 당연하다.

시작이 어렵다는 걸 인정하자. 인정하면 마음이 한결 편해진다. 시작은 어렵기에 무언가에 도전하는 건 결과를 떠나 형용할 수 없을 만큼 위대한 행동이다. 시작은 나를 지배하는 법칙에 반기를 들고 혁명에 나서는 행진이다. 자기 혁명이 쉬울 줄 알았는가? 고난을 무릅쓰고 무언가에 도전하는 당신은 이미 대단한 사람이다. 수면 위에 바위가 떨어지든 모래알이 떨어지든 파동이 일어나는 건 매한가지다. 모래알만 한 변화여도 그 파동은 수면 끝까지 전달된다.

## 가벼운 마음으로 시작하자

김미경 작가는 『김미경의 리부트』에서 말한다. “투두리스트는 말 그대로 해야 할 일의 목록이다. 목록을 만들었다고 끝이 아니다. 중요한 건 실행이다. 투두리스트가 진짜 힘을 발휘하려면 실행이 필수다. 실행을 제대로 하려면 투두리스트가 지금의 내가 조금만 노력하면 해낼 수 있는 수준의 난이도여야 한다. 눈 감고도 즉시 실행이 가능할 만큼 구체적일수록 좋다. 아무리 좋은 계획이라도 내가 할 수 없는 일이면 무용지물이기 때문이다.”[10]

시작은 깃털처럼 가벼워야 한다. 첫 술에 배부를 수 없다. 챙길 것 다 챙기고 가방에 짐을 한껏 집어넣으면 짐을 싸다가 지친다. 편안한 옷을 입고 가볍게 산책한다는 마음으로 실천에 다가서 보자. 산행에 익숙해지면 광활한 경치가 눈에 들어오고 내가 걷고 있다는 걸 잊어버리는 순간이 온다. ‘나도 할 수 있구나. 막상 해보니까 별거 아니네.’라는 만족감이 들었을 때 아래를 내려다보라. 힘들게만 느껴졌던 시작은 더 이상 어렵지 않다는 걸 깨닫게 된다.

이것저것 재지 말고 일단 발걸음을 떼자. 발걸음을 떼는 순간이 비행기가 지면에서 떨어지는 순간이다. 조금만 시간이 지나면 하늘로 날아오른다. 멈춰 있는 비행기가 아니라 하늘을 나는 비행기가 되어라. 당신은 이륙할 준비가 되었는가? 그렇다면 활주로에 서서 가속하라. 당신을 기다리고 있는 것은 드넓고 푸른 하늘뿐이니.

action

# 8

# 원하는가?<br>그렇다면 작심삼일하라

## 작심삼일하라

작심삼일作心三日, 결심이 채 3일을 못 간다는 사자성어다. 변화를 꿈꾸는, 어제보다 나은 오늘을 보내려는 사람에게는 몸을 떨리게 하는 사자성어이다. 지금껏 얼마나 많은 작심삼일을 경험했던가. 두 손으로 헤아려도 다 세지 못할 정도로 수많은 작심삼일을 체험했을 것이다.

생각을 바꾸어 보자. 실천이 작심삼일로 귀결되는 건 어쩌면 당연한 일이 아닐까? 인간은 편한 상태를 유지하려는 관성의 법칙에 지배받고 있다고 말한 바 있다. 그렇다면 작심삼일이라는 견고한 그물을 뚫고 4일, 5일까지 실천할 수 있는 방법은 무엇이 있을까?

나는 오히려 작심삼일을 권하고 싶다. 더도 말고, 덜도 말고 딱 3일만 하고 싶은 일에 도전하는 것이다. 아니, 작심삼일을 경계하라고 해놓고는 3일만 실천해보라니 그게 무슨 소리냐고? 앞서 말했지만 무엇이든지 시작하는 것은 정말 어렵다. 시작의 어려움에도 이를 3일 동안 지속 실천했다는 건 고무적인 일이고 칭찬받아 마땅한 행동이다. 주변을 둘러보라. 아무것도 하지 않는 사람이 태반이다. 3일이나 도전했다는 건 그만큼 대단한 일이다. 실천의 어려움을 알기 때문에 마음을 내려놓고 3일만 도전하고 말겠다는 마음을 먹어도 좋다는 뜻이다.

## 이봐, 해봤어?

해보지 않으면, 부딪혀보지 않으면 알 수 없는 것들이 있다. 내가 어떤 일을 좋아하는지, 무엇에 재능이 있는지, 감당할 수 있는 것인지, 해봄직한 것인지는 직접 맞닥뜨리지 않고는 알 수 없다. 일단 해봐야 알 수 있다. 현대그룹의 창업주 정주영 회장은 입버릇처럼 말했다. "이봐, 해봤어?"라고. 해보지도 않고 핑계와 변명만 늘어놓는 부하 직원에게 일침을 가했던 것이다. 내가 할 수 있는 건지 없는 건지, 이것이 내 눈높이에 맞는지 아닌지는 그를 해보지 않고는 알 수 없다.

작심삼일은 인간이 나약하다는 걸 상징하는 사자성어이지만, 실천의 관점에서 달리 바라본다면 삼일이나 실천했다는 의미의 대견한 사자성어이기도 하다. 우리가 변화하는 데 항상 실패하는 이유는 무엇인가? 실천하기 어려운 계획을 짜기 때문이다. 하루 정도 짬을 내서 마라톤 경기에 참가하는 건 어렵지 않다. 하지만 날마다 마라톤을 해야 한다고 생각해 보라. 종아리에 부기가 가라앉지도 않았는데 내일 또 마라톤을 해야 한다고 상상하면 끔찍한 일이 아닐 수 없다. 벌써 다리에 통증이 느껴지는 것 같은 착각을 하게 된다. 매일 마라톤을 하겠다고 다짐하면 하루도 달리지 못한다. 우리가 세우는 계획이 이와 같지 않은지 생각해 보라. 무리한 계획을 세우기에 3일도 채우지 못하는 것이다. 달성하기 손쉬운 계획을 세우고 딱 3일만 실천해 보자.

작심삼일을 우습게 보지 말자. 하루를 넘어 이틀 사흘까지 결심을 유지했다는 것만으로도 대단한 것이니 어깨와 무릎에 힘을 빼라. 3일을 10일, 100일로 끌고 가려면 난이도가 낮아야 한다. 쉬워야 오래 할 수 있다.

action

9

# 하늘을 봐야 별이 보인다

## 일단 뛰면, 즐겁다

"달리는 중에도 무기력한 사람은 없다."[11] 『하버드 새벽 4시 반』의 저자 웨이슈잉은 일단 멈춰있는 두 다리를 움직여야 한다고 강조한다.

공원에 가면 운동하는 사람이 보인다. 트랙을 달리는 청년, 잰걸음으로 운동장을 도는 할머니, 배드민턴을 치는 가족, 고글을 쓰고 자전거를 타는 여자, 가벼운 몸놀림으로 줄넘기를 하는 남자. 그들의 표정에는 생기가 넘친다. 지금 이 순간의 공기를 만끽하려는 듯 집중한 그들의 모습에서는 살아있음이 느껴진다.

운동을 싫어하는 사람도 일단 운동을 시작하면 굉장히 열심히 한다. 회사에서 가끔 축구 경기를 진행하면 거의 모든 동료가 뛰고 싶다고 말한다. 운동에 전혀 소질이 없어 보이는 김 부장, 박 대리도 운동복과 축구화를 들고 온다. 운동에 젬병인 나도 마찬가지다. 경기가 시작하기 전 상대 팀 선수들과 일렬로 서서 인사를 나누는 순간은 국가대표 경기 못지않은 긴장감이 감돈다. 체력이 부족한 관계로 전, 후반 15분씩만 경기하지만 30분 동안만큼은 모든 구성원이 전력을 다해 뛰고 거친 숨을 몰아쉰다.

몸싸움을 싫어하고 달리는 걸 싫어하는 나도 그날만큼은 공을 좇아 열심히 달린다. 그렇게 뛰면 도파민과 엔도르핀이 샘솟는다. 운동을 싫어했던 게 맞나 싶을 정도로 절로 웃음이 나고 축구를 하는 게 즐겁다. 그렇게 하루를 보내면 다음날 온몸이 욱신거리는 단점이 있지만 말이다.

## 실천해야 구체화된다

첫 책을 출간하고 나서 지인으로부터 똑같은 질문을 여러 번 받았다. "어떻게 책을 쓰기 시작했어요? 목차를 짜고 분량을 채우려면 시간도 많이 걸리고 힘들 것 같은데요. 실은 저도 책 쓰기에 관심이 있는데 어떻게 하면 책을 쓸 수 있을까요? 노하우가 있으면 알려주세요." 나는 몸을 비비 꼬고 대답했다. "어쩌다 보니 운 좋게 책을 출간하게 되었어요. 글을 쓰다 보니 책으로 낼 만큼 글이 써지더라고요. 일단 글을 써보세요. 누구나 책을 낼 수 있어요."

"에이, 장난하지 말고요. 어떻게 하면 돼요? 책 쓰기 학원이라도 다녀야 하나요?"

상대방의 질문이 얼마나 진지한지는 상대방의 눈을 보면 알 수 있다. 대개는 호기심을 갖고 물어보는 정도이지, 정말로 책을 쓰겠다는 경우는 없었고 그런 느낌을 받은 적도 없다. 내가 지인에게 했던 대답처럼 책 쓰기는 단순하다. 쓰면 된다. 정말이다. 아무거나 쓰기 시작하면 새로운 글감이 떠오르고 어떻게 목차를 구성해야 할지 감이 온다. 책 쓰기의 방법을 알려주는 책도 많고 요령을 알려주는 학원도 있지만 가장 먼저 해야 할 일은 아무 글이나 쓰는 것이다. 글을 쓰기 시작하면 글이 글을 부르는 걸 알게 된다.

이는 비단 운동, 책 쓰기에만 한정되는 것이 아니다. 모든 일이 그렇다. 외국어 공부, 자료 작성, 발표 연습, 독서, 수집 등 모든 일은 시작을 하고 나서야 어떻게 해야 할지 머릿속에 구체적으로 그려진다. 안개가 걷히면서 봉우리가 선명하게 보이는 것처럼 말이다. 시행착오를 거치면서 내게 적합한 실천 방법을 발견하고 적용하면서 점점 더 탄력이 붙는다. 가만히 앉아서 머릿속으로만 복잡하게 움직인들 전혀 도움이 되지 않는다. 일단 움직여야 한다. 움직이지 않으면 무엇을 해야 할지 알 수 없다. 몸을 움직여야 비로소 내가 해야 할 일이 보인다.

웨이슈잉의 충고를 기억하자.

"흔히 사람들은 성공하기 위해서 대단한 일, 남과 다른 일부터 시작하려고 한다. 커다란 상을 받는 일이라거나, 국가적인 이벤트에 참여하여 이력서나 자기소개서에 써낼 만한 그런 일 말이다. 물론 이런 것들은 분명 우리의 성공에 든든한 자원이 된다. 하지만 여기서 많은 이들이 간과하는 것은, 그런 대단한 일들도 모두 아주 작은 일에서부터 시작된다는 점이다."[12]

action

# 10

# 무인도에 간다면 챙겨야 할, 실천력

## 무인도에서 해야 할 일

한 비행기가 착륙하기 직전에 추락했다. 정신을 차리고 보니 해변 위에 누워있다. 두 팔, 두 다리는 멀쩡하다. 고개를 들어 주위를 둘러보니 울창한 숲과 바위, 암벽, 수평선이 보인다. 이곳은 어디인가. 주변에 다른 사람이 있는지 확인하기 위해 소리를 질러보지만 아무런 응답이 없다. 그렇다. 여기는 무인도다. 영화 〈캐스트 어웨이〉는 무인도에 표류된 한 남자의 생존기와 탈출기를 그린다. 주인공 척 놀랜드는 택배 회사에 다니는 평범한 직장인이다. 그는 출장지로 향하는 길이었고 무인도에 표류될 것이라고는 꿈에도 생각하지 못했다.

척 놀랜드가 가장 먼저 한 일은 주위에 다른 사람이 있는지 찾는 것이었다. 하지만 아무도 없었다. 낙담한 그가 다음에 한 행동은 무엇일까? 배를 채우기 위해 나무 열매를 구하고, 불을 지피기 위해 나뭇가지를 모으는 일이었다. 그는 그렇게 무인도의 삶에 적응한다. 살아남기 위해 집을 짓고 작살을 만들어 물고기를 사냥한다. 나중에는 배구공에 사람의 얼굴을 그려 윌슨이라 이름 짓고 이를 말벗 삼아 하루하루를 버텨낸다. 그렇게 4년 동안 무인도에서 혼자 지낸 그는 우연히 무인도를 지나는 배의 구조를 받아 탈출에 성공한다.

## 실천력

우스갯소리로 이런 질문을 주고받을 때가 있다. 무인도에 가면 챙기고 싶은 세 가지는 무엇이냐고. 라이터, 손전등, 식칼, 식량 등 생존에 필요한 도구부터 애인, 일 잘하는 친구처럼 다양한 대답이 나온다. 엉뚱한 답처럼 보일 수 있겠지만 나는 실천력을 가장 먼저 챙기고 싶다.

실천력이라는 것은 무엇인가? 두렵고 힘든 상황을 마주했을 때에도 행동하고 보는 자세이며, 정답이든 아니든 몸을 이리저리 움직이가며 시행착오를 감내하려는 마음가짐이다. 뒷짐 지고 옆 사람이 먼저 나서기를 기다리지 않고 누구보다 먼저 발을 떼려는 태도다.

누군가는 말한다. 나라도 무인도에 표류되는 상황이 오면 살기 위해서 온갖 행동을 다 취할 것이라고. 과연 그럴까? 〈캐스트 어웨이〉의 주인공 척 놀랜드처럼 배구공에 얼굴을 그려 인격을 부여하고 어떻게든 살아남기 위해 발버둥이칠 수 있을까? 그렇다면 지금은 왜 아무것도 하지 않는 것인가? 무인도가 아니기 때문일까?

## 지금 나는 어디에 있는가

지금 이 순간은 무인도에 갇힌 상황과 다르지 않다. 물론 무인도처럼 주위에 아무도 없는 것은 아니다. 마음만 먹으면 언제든지 지인과 메시지를 주고받고 목소리를 들을 수 있다. 하지만 그들 중에 내 인생을 책임질 수 있는 사람이 과연 존재하는가? 아무도 없다. 인생이란 나무에 거름을 줄 사람은 나밖에 없다. 가지치기도, 열매 수확도 내가 해야 한다. 옆자리에 있는 느티나무가 함께 있다는 위안을 줄지언정 나를 직접 키워주지는 않는다.

우리는 종종 세상이 무인도와 다르지 않다는 것을 망각하곤

한다. 살기 위해 필사적으로 몸을 움직이지 않으면 생존을 보장받지 못한다는 것을 쉽게 잊어버린다.

당신이 지금 서 있는 곳이 무인도라고 상상해 보자. 고개를 360도 아무리 돌려봐도 아무도 없다. 고요한 공간 속에 들리는 것은 잔잔한 파도 소리와 살랑살랑 나뭇잎이 흔들리는 소리뿐이다. 보이는 것은 풀, 모래, 흙, 바위뿐이고 느껴지는 건 뜨거운 태양열뿐이다. 당신이라면 지금 가장 먼저 무엇을 할 것인가? 하루하루 버티기 위해서 무엇을 할 것인가? 배고픔에 허덕이며 신세를 한탄할 것인가, 아니면 살아남기 위해 어떻게든 식량을 찾아 나설 것인가?

action

# 11

# 관객을 '나'라는 무대로 초대하라

## 함께 실천하라

차인표 배우는 〈세상을 바꾸는 15분〉 강연에서 말했다. "변하고 싶으신가요? 이것 하나만 준비하세요. 관객, 당신의 변화를 지켜볼 충실한 관객을 말이죠."[13] 차인표 배우는 30년 지기 친구의 "함께 운동을 하고 몸을 가꾸어서 잡지의 표지 모델이 되자!"라는 제안을 받아들인다. 하루에 4시간이 넘도록 매일 운동하기 위해서 그는 일찍 자고 일찍 일어나기에 도전한다. 아침에 일찍 일어나야 아침 시간을 운동에 쓸 수 있기 때문이다. 그는 처음에는 쉽지 않았다고 고백한다. 일찍 자기 위해 10시가 되면 일부러 책을 들고 침실로 향했다. 어느새 일찍 일어나서 운동하는 패턴을 습관으로 만든 그는 결국 친구와 함께 잡지 표지 모델이 되어 카메라 앞에 당당하게 섰다. 그와 친구의 버킷리스트는 이루어졌고, 표지 모델이라는 결과물로 남았다. 차인표 배우는 변화의 원동력으로 친구를 꼽았다. 같이 표지 모델이 되자는 친구의 목소리에 귀를 기울였고 함께 도전하고 실천했기에 목표를 달성했다.

인간은 사회적 동물이다. 혼자서 살 수 있는 사람은 세상 어디에도 없다. 사람은 어떤 방식으로든 주변 사람과 관계를 맺는다. 가족, 친구, 이웃, 직장 동료와 교류하고 서로에게 영향을 주고받는다.

당신은 자신과의 약속을 잘 지키는가? 아니면 다른 사람과의 약속을 잘 지키는가? 둘 중에 하나만 지킬 수 있는 상황이라면 어떤 약속을 지킬 것인가? 아마도 대부분의 사람들이 다른 사람의 약속을 지킬 것이다. 관계의 중요성을 인지하고 있기 때문이다. "영희야 미안해, 내가 7시에는 운동하기로 나와 약속을 해서 너랑 영화 보기로 한 약속은 지키지 못하겠어."라고 말하는 사람은 없을 것이다. 운동을 하겠다는 나와의 약속이 정말 중요했다면 그 시간에 친구와 영화를 보기로 약속하지 않았을 것이다.

## 주변 사람을 활용하라

다른 사람과의 약속을 지키는 게 중요하다는 사실을 활용해 보자. 차인표 배우처럼 친구와 서로의 목표를 공유하고 함께 실천하기로 약속하는 게 최고의 방법이지만, 친구가 내 목표에 공감하지 못하고 두 손을 저어도 상관없다. 친구에게 이야기하라. "오케이, 알겠어. 대신에 나는 혼자서 100일 동안 목표를 이루기 위해 전념할게. 100일 뒤에 내가 어떻게 변하는지 한번 지켜봐."라고.

목표와 실천 계획을 주변에 선언하는 건 효과가 크다. 최대한 많은 사람에게 선언할수록 효과는 상승한다. "엄마, 저 프로게이머가 될 거예요.", "철수야, 나는 대기업에 들어갈 거야.", "여보, 나 책을 쓰려고 해."라고 내가 지금까지 주변 사람에게 선언한 목표는 모두 이루어졌다. 선언만 해도 실천하고 싶어진다. 주변 사람을 적극적으로 활용하라.

## 마르고 닳도록 선언하라

"나는 다음 달까지 1kg, 세 달 뒤에는 5kg을 뺄 거야", "이번 주부터 골프 학원에 다닐 거고 다음 달엔 필드에 나갈 거야."

라는 말처럼 스스로 정한 구체적인 목표를 주위 사람에게 선언하라. 처음에는 스스로에게, 그다음에는 부모, 아내, 자녀뿐만 아니라 친구, 직장 동료, 심지어 업무 파트너에 이르기까지 일상적인 대화를 나눌 때 기회를 틈타 선언하고 공표하라. 여러 사람에게 선언하고 또 선언하라. 만나는 사람 모두에게 이야기하라. 스스로와의 약속은 어기기 쉬울지 몰라도 주변 사람과의 약속은 저버리기 어렵다. 약속을 어기는 건 신의를 저버리는 행동을 하는 일이고, 이는 남에게 신뢰를 주지 못하는 행동이다.

뇌는 내가 생각하는 방향으로 일을 할 수 있도록 준비 자세를 취한다. 주위 사람에게 목표를 이야기하면 할수록 뇌의 저항을 줄여 계획을 실천에 옮기는 데 도움이 된다. 목표를 선언할 때마다 내 입으로 직접 말하는 것이기에 목표를 완수해야겠다는 책임감도 생긴다. 주변 사람의 응원을 받는 건 덤이다. 내가 열심히 하겠다는데 야유와 조롱을 보내는 사람은 없다. 내 계획을 듣는 사람 모두가 당신에게 응원의 메시지를 보내줄 것이다. 그들의 응원을 받는 것만으로도 더 열심히 해야겠다는 동기 부여가 된다.

목표를 입으로 반복해서 이야기하면 기운이 샘솟는다. "S=CaR"을 항상 기억하라. 목표를 스스로 되뇌면서 의지를 다지는 것도 반복의 힘이다. 한 번 이야기해서는 부족하다. 쉴 새 없이 목표를 선언하라. 듣는 사람이 내가 어떤 목표를 갖고 있는지 잊지 못할 만큼 지겨울 정도로 이야기하라. 지인을 만나면 그간의 진행 상황을 이야기하고 또 목표를 이야기하라. 여러 번 말하면 말할수록 꾸준히 실천할 확률이 상승한다.

## 목표를 공유하고 함께 나아가라

내가 세운 목표와 실천 계획은 나만의 것이 아니다. 지금 내 눈에 보이지 않지만 누군가는 어딘가에서 나와 같은 목표와 계획을 세우고 있다. 지금 이 순간에도 프로게이머를 꿈꾸는 학생, 대기업 입사를 위해 매진하는 대학생, 책을 쓰기 위해 글을 쓰는 직장인이 있다. 그들과 함께 보폭을 맞추고 함께 나아가라. SNS에 목표와 계획을 공유하고 함께 할 사람을 모집해라. 나보다 먼저 목표를 이룬 사람의 책을 읽어라. 당신은 혼자가 아니다. 목표를 세우고 실천하는 데 몰두하면 나와 똑같이 몸부림치는 사람을 발견하게 된다. 무엇을 하더라도 목표에 관한 것만 보이고 목표를 달성하겠다는 생각을 하며 주변을 바라보게 되기 때문이다.

언니, 누나, 형, 오빠, 동생, 아내, 남편, 부모님, 친구 모두 내

앞길을 응원해줄 것이다. 그들에게 내가 변화하는 모습을 응원하는 충실한 관객이 되어달라고 부탁하라. 차인표 배우를 응원한 친구처럼, 친구를 응원한 차인표 배우처럼 그들은 기꺼이 당신의 편이 되어줄 것이다.

action

# 12

# 멀티태스킹의 착각

## 회의에도 전화에도 집중하지 못하는 나

프로게이머를 꿈꿀 때, 나는 멀티태스킹의 대가였다. 열 개의 손가락을 동시다발적으로 움직였고, 눈은 일 초에 서너 번씩 이 화면과 저 화면을 오갔다. 동쪽을 공격하는 와중에 서쪽을 수비했고, 북쪽을 공략하는 도중에 남쪽을 정비했다. 친구들은 동경의 눈으로 나를 바라봤다. 나는 내가 멀티태스킹에 타고난 재능을 지녔고, 덕분에 프로게이머가 되었다고 믿었다.

취업을 하고 회사에서 일하면서 내가 멀티태스킹 전문가라는 내 믿음은 와르르 무너지고 말았다. 나는 멀티태스킹에 전혀 소질이 없었다. 회의하는 도중에 전화를 받으면 회의에도,

전화 통화에도 집중하지 못했다. 메일을 읽을 때 메신저 대화창이 뜨면 대화창이 뜬 줄도 몰랐다. 여러 가지 일을 동시에 처리할 수 있다는 자부심을 갖고 업무를 수행했지만 일이 많아질수록 맡은 일 모두 성과를 내지 못했다.

나는 멀티태스킹에 뛰어난 재능을 지닌 게 아니라 〈스타크래프트〉를 잘하기 위해 필요한 자질이 남보다 나을 뿐이었다. 게임 속에서 실시간으로 주어지는 미션을 재빠르게 수행하면서 멀티태스킹에 능숙한 것처럼 보였지만 〈스타크래프트〉라는 세계관 안에서 상황 판단을 민첩하게 했을 뿐이었다.

회사에서 일할 때면 수시로 전화가 걸려온다. 업무 진행 상황 공유 요청, 일정 확인, 기술 문의, 관련 부서 협의 등 때로는 걸려오는 전화 때문에 해야 할 일을 하지 못할 정도다. 10년 차 직장인이 된 지금은 회의 중이거나 어떤 일에 집중하고 있을 때는 직속 상사의 전화가 아니면 받지 않는다. 전화를 받으면 회의에도, 업무에도, 통화에도 집중하지 못하는 걸 알기 때문이다. 어느 정도 맡은 업무를 처리한 뒤 통화 상대에게 온전히 집중할 수 있을 때 전화를 다시 건다. 전화가 걸려올 때 받는 게 효율적인 것처럼 보이지만, 내가 상대에게 집중할 수 있을 때가 아니라면 나중에 전화하는 것이 상대의 말을 경청하고 일을 진행하는 데 더 효율적이다.

## 멀티태스킹은 없다

인간의 잠재력은 무한하다고 말한다. 나의 잠재력을 믿으며 여러 가지 실천 계획을 동시에 수행하기 위해 전략을 짜는 경우도 많다. 러닝머신 위에서 달리면서 자격증을 따기 위한 공부를 하고, 수학 문제를 풀면서 CNN 방송을 듣는 식이다. 누군가에게는 이런 방법이 시간을 두 배로 절약하는 묘수가 될지 모르겠지만 나는 추천하고 싶지 않다. 한 번에 두 가지 일을 동시에 하는 것처럼 보이지만 실상은 하나의 일에도 온전히 집중하지 못하는 경우가 다반사이기 때문이다.

미국의 경영 컨설턴트 데이비드 크렌쇼는 『멀티태스킹은 없다』에서 멀티태스킹이라는 허상에 속지 말라고 당부한다. "사람들은 흔히 멀티태스킹을 하고 있다고 착각하지만, 수시로 일을 전환하는 '스위치태스킹'을 하고 있을 뿐이다. 스위치태스킹은 시간을 낭비시키며 일의 효율도 떨어뜨린다."[14]

다행히도 사람은 하루에 여러 가지 일을 병행할 수 있다. 운동하고, 영어 공부하고, 책을 읽고, 글을 쓰고, 봉사 활동을 하고, 내일 할 일을 계획하고, 강연에 참석하는 것 모두 가능하다. 이렇게 하기 위해서는 시간을 쪼개서 각각의 일에 집중하면 된다. 어떤 일을 할 때는 그 일에 온전히 몰입하는 게 최선의 방법이다. 시간을 두 배로 절약하려는 멀티태스킹의 함정에 빠져 시간을 두 배로 쓰게 되는 걸 경계하라. 둘 다 제대로 하지 못할 바에는 하나라도 제대로 하는 게 낫다.

action

# 13

# 집중, 또 집중만이 살길이다

## 나와의 약속을 지켜라

실천을 가로막는 장벽은 두 가지다. 첫째는 변해야 한다는 생각을 미처 하지 못하는 것이고, 둘째는 변해야 하는 걸 알면서도 실천하지 않는 것이다. '이러면 안 되는데', '내일이 시험인데', '딴짓을 하면 안 되는데'라고 한숨을 쉬면서도 손가락은 스마트폰 위에서 쉴 새 없이 움직인다. 평소에는 그다지 관심도 없는 정치, 사회, 경제 이슈가 이렇게 재미있을 수가 없다. '음, 유럽에서는 사회 복지에 투자를 많이 하는군. 아니, 이 나라가 전쟁 중이었다고?'라며 평소에는 보지도 않는 국제 뉴스를 하나씩 정독하면서 "내가 세상이 돌아가는 것을 알기 위해 스마트폰을 보는 것이지, 공부하기 싫어서 그러는 것이 아니다."라고 스스로를 세뇌한다. 늦게 도서관에 도착한 친구가 음료수 하나 마시면서 바람 좀 쐬자는 말이 비 오는 날 우산을 씌워주는 것처럼 반갑다. 못 이기는 척하며 엉덩이를 의자에서 뗀다. 시험 기간에는 공부하는 것 빼고 모든 일이 재미있다.

진정으로 당신이 변하기로 마음먹었다면 스스로와 그 일을 하기로 한 시간에 다른 일을 하지 않고 온전히 그 일에 집중하는 것을 약속해야 한다. 예를 들어 10분 동안 운동하기로 결심했다면 10분 동안은 운동만 하는 것이다. 3분 운동했다가 카카오톡 대화창을 보고, 3분 운동했다가 잠시 인터넷 기사를 보는 식으로 실천하면 곤란하다. 에너지가 여러 갈래로 분산되고 실천 계획에 제대로 집중하지 못해 이도 저도 아니게 된다.

10분 동안은 고스란히 운동만 생각하며 자세를 바로잡고 정석대로 운동해야 한다. 10분이 지나서 '아, 오늘도 할 만큼 했다.'라는 생각이 아니라 '10분 동안 최선을 다했다.'라는 보람과 성취감을 느껴야 한다. 성취감은 행동을 꾸준히 반복하게 만드는 추진력으로 이어진다. 하루 실천하고 말 행동이 아니다. 긴 시간 동안 꾸준히 반복하고 습관으로 만들기 위해서라도 무언가를 실천할 때는 최선을 다했다는 느낌이 들도록 바짝 긴장하자.

## 집중과 몰입이 미래를 바꾼다

시험공부를 하면서 언제 가장 뿌듯함을 느끼는가? 성적을 잘 받았을 때? 내가 공부한 문제가 시험에 그대로 나왔을 때? 답이 헷갈리는 문제를 찍어서 맞혔을 때? 아니다. 시험공부를 하다가 1시간 정도 지났나 싶어 시계를 봤을 때 2시간이 지나 있을 때, 얼마 공부한 것 같지도 않은데 저녁 먹을 시간이 됐을 때, 오늘은 최선을 다해 공부했다고 말해도 부끄러움이 느껴지지 않을 때 가장 뿌듯함을 느낀다. 무엇이든 다 할 수 있다는 자신감이 샘솟는다. 진심으로 몰입했기 때문이다.

하버드 경영 대학원 교수이자 경영 전략의 선구자로 일컫는 마이클 포터는 특정 분야를 선택하고 거기에 자원을 집중하라고 조언했다. 무엇을 선택할지, 얼마나 집중할지는 모두 자신에게 달렸다. 지금 이 순간 무엇을 할지 결정하고, 얼마나 몰두할지 정하는 것은 언제나 자신이다.

## 게임과 공부 두 마리 토끼를 잡은 선택과 집중

고등학교 2학년 때 프로게이머로 데뷔할 정도로 게임에 빠져있었지만 선망하던 대학에 입학하고 대기업에 취직할 수 있었던 건 선택과 집중 전략을 철저하게 수행했기 때문이다. 고등학생 때는 선택과 집중이라는 용어가 있는지도 몰랐지만, 지금 와서 생각해보면 선택과 집중 전략을 수행하고 성공한 결과였다. 내가 실천한 선택과 집중은 단순했다. 학교에 있을 때는 수업에 집중하고 학교를 나서면 PC방 또는 집에서 게임에 집중하는 것이다.

수업을 들을 때는 졸지 않으려 했고 게임을 할 때는 오늘 해야 할 숙제를 걱정하지 않았다. 수업을 들을 때는 졸지 않고 선생님의 말씀에 집중했고, 게임을 할 때는 숙제를 걱정하기 보다는 게임에 열중했다. 덕분에 학생 신분으로 프로게이머가 될 수 있었고, 프로게이머를 잠시 쉰 고등학교 3학년 때는 공부에 전념하는 게 어렵지 않았다.

대학을 다닐 때 한 선배는 말했다. "게임할 시간에 공부를 했다면 더 좋은 대학에 들어갔을 것이고 공부할 시간에 게임을 했으면 기억에 남는 프로게이머가 되었을 것이다." 물론 그럴 수도 있겠다는 생각은 들지만 설령 그렇게 하려고 해도 하기 힘들었을 것이다. 나는 하루의 균형을 잡으며 공부 시간과 게임 시간의 한계를 설정했고, 결과적으로는 두 가지 분야 모두 내가 만족스러운 성과를 거두었기에 후회하지 않는다.

자칫하면 두 마리 토끼를 모두 놓칠지도 모르는 상황에서 양

손에 두 마리 토끼를 집어 들 수 있었던 건 선택과 집중 덕분이었다. 실천할 땐 집중해서 실천하고, 놀 땐 신나게 놀아 보자. 지금 이 순간에 집중할 수 있느냐 없느냐가 앞날을 결정한다.

action

14

# 할 수 있다 → 했다 → 하고 있다

## C에서 a로 연결하라

사람의 행동을 바꾸려면 생각이 바뀌어야 할까, 아니면 행동해야 생각이 바뀌는 걸까? C가 먼저일까, a가 먼저일까? 생각과 실천은 닭과 달걀의 관계와 같다. 서로가 서로를 부추기는 사이가 생각과 실천이다. '오늘은 1시간 동안 운동해야지'라는 생각은 실천으로 이어지고 1시간 동안 운동하면 다시 '다음에는 좀 더 오래 운동해도 되겠는데'라는 생각으로 연결된다. 생각은 실천으로, 실천은 더 나은 생각으로 발전한다. 뫼비우스의 띠처럼 이어진 생각과 실천은 상호보완하면서 어제보다 나은 내일을 만든다.

그럼에도 굳이 생각과 실천의 순서를 굳이 정해본다면 실천보다는 생각이 먼저다. 의식적이건 무의식적이건 변화하겠다는 생각을 해야 행동으로 이어진다. 바뀌고 싶은 마음이 없는데 어떻게 무언가가 바뀌겠는가? 생각을 더 나은 생각으로 발전시키고 싶으면 실천이 수반되어야 하지만, 생각 없는 첫 번째 실천은 없다. "S=CaR"이다. C의 열망을 오른쪽 a에 전달해야 한다. 도전하기로 결심했다면 생각을 실천으로 연결하는 게 먼저다. 삶을 바꾸겠다는 갈망, 조금이라도 나은 사람이 되고 싶다는 향상심이 실천의 마중물이 된다.

## 할 수 있다

우리는 자기 암시, 긍정의 효과를 알고 있다. "할 수 있다"라는 강력한 마음가짐만으로도 실천이라는 다음 단계로 나아갈 수 있다. 나폴레온 힐은 말했다. "자신감을 지닌 사람은 산도 옮길 수 있다. 자신이 성공하리라고 믿는 순간, 성공을 향한 첫 발을 내디딘 것이다." 할 수 있다는 마음가짐은 구부정했던 허리를 꼿꼿이 세우게 만들며 굽었던 어깨를 쫙 벌어지게 만든다. 두 눈에는 총기가 돌고 발걸음은 새처럼 가벼워진다. 마음만 바꿔도 실천이라는 작은 성공에 한 발자국 다가설 수 있다.

그렇지만 단지 "나는 할 수 있다"에서 그치면 안 된다. "나는 마음만 먹으면 무엇이든지 할 수 있어. 내가 지금 실천하지 않는 이유는 시간이 없기 때문이야. 일이 바빠서 그래. 알잖아, 나 예전에도 성공했던 사람인 걸"이라며 할 수 있다고 마음먹으면서도 핑계를 대고 행동에 옮기지 않는 사람이 대다수다. "당신은 10분 동안 러닝머신 위에서 달릴 수 있습니까?"라는 질문에 "아니요, 저는 달리지 못합니다."라고 대답하는 사람이 있을까? 백이면 백 "물론이죠, 저는 달릴 수 있습니다."라고 대답할 것이다. 하지만 "당신은 오늘 10분 동안 러닝머신 위에서 달렸습니까?"라는 질문에 "예, 그렇습니다."라고 대답하는 사람은 얼마나 될까? 할 수 있다고 해서 반드시 실천으로 이어지지는 않는다. 생각을 실천에 옮기기 위해서는 무거운 발을 떼고 한 걸음 나아가는 행동이 반드시 필요하다.

## 가장 좋은 타이밍은 지금이다

변화의 핵심은 "할 수 있다"라고 마음먹은 순간 바로 실천하는 것이다. 무언가 떠오르는 게 있으면 곧바로 책을 덮고 시작하라. '한 번 해볼까'라는 생각이 들 때가 최적의 타이밍이다. 바로, 지금. 이 순간을 놓치지 말고 시작하라. 책을 읽을 때는 고개를 끄덕이다가 책을 덮으면 무엇을 읽었는지, 어떤 생각을 했는지 잊어버리고 책을 읽기 전과 똑같은 상태로 돌아가지 않도록 경계하라. 책을 읽기 전과 책을 읽고 난 후에 아무것도 달라지지 않는다면 시간만 낭비한 것이다. 지식을 쌓든, 행동을 바꾸든, 감동을 하든, 책을 읽었다면 변해야 한다. 바로 지금이 변화하기에 최고의 타이밍이라는 사실을 잊지 말자.

할 수 있다는 마음가짐을 실천으로 옮겼다면 "할 수 있다"가 한 단계 발전한 "했다"라는 과거형으로 변한다. 한번 "했기" 때문에 두려움이 사라진다. 처음 먹은 음식도 한번 먹어 보면 다음 번에는 더 쉽게 먹을 수 있다. 처음은 두렵지만 두 번째는 두렵지 않다. 고기도 먹어본 사람이 더 잘 먹는다. 실천도 마찬가지다. 처음은 서투르고 어색할지 몰라도 두 번째는 처음보다 쉽다.

실천은 일회성으로 그치면 안 된다. 한번 실천했다면 두세 번 반복하고 네다섯 번 되풀이하면서 습관으로 만들어 보자. 처음에는 한 번의 실천도 두려웠지만 어느 순간 아무렇지도 않게 실천하는 자신을 만나게 될 것이다. 당신이 지닌 좋은 습관은 하루아침에 뚝딱 만들어진 게 아니다. 유치원, 초등학생부터 지금까지 켜켜이 쌓은 일상의 단편이 모여 당신만의 장점을 만들어 냈다. 지금 도전하는 것도 마찬가지다. 당장은 힘들지 몰라도 익숙해지면 아무렇지 않은, 내가 인지하지도 못하는 나만의 습관, 장점, 개성이 된다. "할 수 있다"라는 주문은 어느 순간 "하고 있다"라는 일상이 되고 내 몸에 찬란하게 빛나는 흔적으로 남을 것이다.

인생은 내가 모르는 세상에 발을 디디고 적응한 뒤 다시 새로운 세상에 발을 디디는 과정의 연속이다. "할 수 있다"에서 "했다"로, "했다"에서 "하고 있다"로 이어지며 "하고 있다"는 결국 "할 수 있다"로 연결된다. 한 걸음씩 내디딜수록 한 뼘씩 성장한다. 할 수 있다고 마음먹었는가? 그렇다면 지금 곧장 시작하라. "할 수 있다"는 용기가 "하고 있다"는 습관으로 이어질 때까지.

action

# 15

# 완벽한 준비는 언제나 완벽하지 않다

## 머릿속 울타리에서 탈출하라

아인슈타인의 사고 실험처럼 머릿속으로는 수차례 실천했지만 실제로 행동에 옮기지 못하는 또 하나의 이유는 모든 준비가 끝난 뒤에 시작하려고 하기 때문이다. 지금은 1인 미디어가 유행하고 너 나 할 것 없이 콘텐츠를 제작하고 유통할 수 있는 시대이다. 누구나 마음만 먹으면 콘텐츠 크리에이터에 도전할 수 있다. 유튜브에 계정을 만들고 스마트폰으로 동영상을 찍어서 업로드하면 나도 크리에이터가 된다. 많은 학생, 직장인이 언젠가 내가 좋아하는 것을 촬영하고 편집하는 유튜버가 되겠다고 입버릇처럼 말하지만 실제로 도전하는 사람이 과연 얼마나 될까?

그렇다면 유튜버가 되기 위해서는 어떻게 해야 할까? 콘텐츠를 촬영할 수 있는 장소와 마이크 음향 시설을 준비하고, 각종 방송 도구와 영상을 편집할 수 있는 편집 기술을 익혀야 할까? 아니다. 스마트폰을 들고 영상을 찍은 후 유튜브에 업로드만 하면 된다. 하지만 우리는 머릿속으로 이런저런 계산을 한 뒤 고개를 가로저으며 포기한다. 그러고는 시간이 지나면 또다시 얼마 전에 했던 생각을 다시 반복한다.

스노보드를 배우기 위해 필요한 준비물은 무엇인가? 그렇다. 바로 보드다. 번쩍이는 신제품이 아니라 대여점에서 빌려주는 구식 보드만 있어도 스노보드를 배울 수 있다. 스키복, 신식 보드, 양말, 고글, 모자 등 모든 장비를 구비해야만 보드를 배울 수 있는 것이 아니다. 일단 눈 위에 올라타 보고 적성에 맞는지 맞지 않는지 몇 차례 확인한 다음, 보드는 '내게 맞는 운동이다. 오랫동안 즐길 수 있겠다.'라는 판단이 설 때 하나씩 장비를 마련하면 된다. 모든 장비를 갖추고 시작하겠다는 것은 시작하지 않겠다는 말과 같다.

## 내 사전에서 완벽을 빼라

누구에게나 처음은 어렵다. 준비되지 않았고 엉성하기 그지없다. 당연한 것이다. 태어나자마자 걷는 아이가 있는가? 숫자를 배우지 않고 구구단을 외는 학생이 있는가? 영어 단어를 모르는데 유창하게 영어를 말할 수 있는 사람이 있는가? 이러한 사람은 어디에도 없다. 대부분의 사람은 객관적으로 당연하다고 생각하면서도 자신에게는 엄격한 잣대를 들이댄다. 다른 사람이 실수하는 것은 귀엽게 봐주면서 내가 실수하는 건 질책한다.

이제 완벽이라는 단어를 머릿속에서 지워 버려라. 완벽은 언제나 완벽하지 않다는 사실을 명심하라. 지금은 완벽해 보일지 몰라도 시간이 지나면 완벽하지 않았다는 것을 깨닫는다. 뉴턴의 운동 법칙, 애덤스미스의 국부론이 당시에는 완벽한 법칙이었을지 몰라도 지금은 아니다. 아인슈타인의 상대성 이론이, 케인즈의 수정 자본주의가 당시의 이론을 계승하고 발전시켜 현시대를 아우르는 이론이 되었다. 완벽해 보이는 것은 더 완벽에 가까운 것에 바통을 넘긴다. 당신의 모습도 마찬가지다. 완벽해 보이는 모습도 시간이 지나면 완벽하지 않았다는 걸 깨닫는다. 서투른 도전이, 뒤뚱거리는 발걸음이 당연하다고 생각하라. 완벽이라는 베일을 벗어던지는 순간 내 앞에는 성장이라는 고속도로가 뚫리게 된다.

## 남은 초보인 당신을 응원한다

그럼에도 완벽하고 싶은 건 인간의 본능이다. 사람이 완벽하려는 이유는 남의 시선을 신경 쓰고 의식하기 때문이다. 누가 봐도 그럴듯한 모습, 멋진 모습을 보여주고 싶은 강박 관념 때문이다. 자, 다시 생각해 보자. 당신이 가장 잘하는 일을 하나 떠올려 보라. 운동이든, 외국어든, 개그든, 노래 부르기든 아무거나 상관없다. 가장 잘하는 걸 떠올렸다면 그것을 정말 못하는 사람을 떠올려 보라. 그 사람은 실력이 부족하지만 오늘도, 내일도 부끄러움을 무릅쓰고 연습하고 있다. 당신은 그 사람을 어떻게 평가하겠는가? '겨우 저 정도도 못해서 끙끙거리는 거야? 답답하다, 답답해.'라고 생각하는가, 아니면 '조금만 더 하면 잘하겠는데, 열심히 하는 모습이 보기 좋네. 기회가 되면 도와줘야겠다.'라고 생각하는가? 대부분의 사람은 후자일 것이다. 열심히 노력하는 사람에게는 실력과 상관없이 언제나 광채가 난다. 오히려 서툰 시기가 그리울 때도 있다. 어떤 일이든 배우기 시작할 때는 투자하는 시간과 비례해서 실력이 쑥

쑥 늘기 때문이다.

자, 당신이 초심자를 평가한 것처럼 다른 사람도 당신을 똑같은 시선으로 평가한다. 당신이 걸을 때마다 넘어지든, 10킬로그램 아령을 못 들어 낑낑거리든 다른 사람은 당신을 응원한다. 그러니 다른 사람의 시선을 반겨도 된다. 성공학의 거장 나폴레온 힐이 『여덟 가지 삶의 태도』에서 당부한 말을 음미해보라. "여러분, 이 세상에는 하고 싶은 일이 있으면서도 목표를 이루지 못할까 봐 아예 시작도 안 하는 사람이 너무도 많습니다. 아니면 모든 상황이 딱 맞아떨어지기를 기다리며 시작을 미루고 있든지요. 그거 아세요? 계획을 실행하기 전에 모든 상황이 딱 맞아떨어지기만을 기다린다면 몇 년이 지나도 시작하지 못합니다. 상황이 딱 맞아떨어지는 날은 평생 오지 않기 때문이에요. 만약 간절히 원하는 일이 있다면 정보를 최대한 수집하고 구할 수 있는 도구를 전부 마련한 후 즉시 착수하세요. 그 순간 할 수 있는 만큼만 해보는 겁니다. 믿기 힘들겠지만 뭐가 됐든 현재 갖고 있는 도구를 사용하다 보면 더 훌륭한 도구가 기적적으로 여러분 손안에 들어와요."[15]

action

# 16

# 언제까지 읽기만 할 것인가

## 자기 계발서 '읽기' 중독

한때 자기 계발서가 대중의 시선을 사로잡았다. 금나나 교수의 『나나 너나 할 수 있다』, 김현근 작가의 『가난하다고 꿈조차 가난할 수는 없다』, 이지성 작가의 『꿈꾸는 다락방』, 나폴레온 힐의 『성공의 법칙』, 데일 카네기의 『자기관리론』, 론다 번의 『시크릿』 등의 국내외 자기 계발서가 날개 돋친 듯 팔렸다. 지금도 서점에는 여전히 많은 자기 계발서가 진열되어 있다. 당신이 읽고 있는 이 책도 자기 계발서다. 어쩌면 모든 책이 자기 계발서라고 할 수 있을지도 모른다. 교양서, 에세이, 역사서뿐만 아니라 학습지조차도 삶에 보탬이 되고 앞으로 나아가야 할 방향을 고민하게 만들기 때문이다. 어떤 마음가짐으로 하루하루를 보내야 하는지에 좀 더 초점을 두고 쓴 책이 자기 계발서로 불릴 뿐이다.

대학을 다니면서 자나 깨나 자기 계발서를 읽었다. 이지성 작가의 『꿈꾸는 다락방』은 열 번 넘게 읽었다. '생생하게 꿈꾸면 현실로 이루어진다'라는 문장이 바로 생각날 정도다. 중간고사가 끝나거나, 방학이 무료하게 느껴지거나, 뭔가 해야 하는데 싫은 생각이 들 때면 자기 계발서를 펼쳤다. 『시크릿』을 읽고는 간절하게 바라면 원하는 일이 끌어당겨질 것 마냥 눈을 질끈 감고 원하는 것을 상상했다.

책을 여러 차례 정독한들 삶은 그다지 바뀌지 않았다. 책을 덮고 5분만 지나면 언제 책을 읽었는지 아득해졌고 1시간, 하루가 지나면 책을 읽기 전 상태로 다시 돌아왔다. 책 속의 내용은 머릿속에 안개가 낀 것 마냥 흐릿해졌다. 나는 어제와 같은 오늘을 보내고 있었고 자기 계발서를 읽으면서 언젠가는 나도 할 수 있다는 안도감을 얻을 뿐이었다.

### '읽기'만 하는 책

당시의 내 독서 방법은 잘못되었다. 변하려는 의지가 굳건

하지 않은 상태에서 책을 읽는다고 하루아침에 삶이 달라지는 게 오히려 이상하다. 수업 시간에 선생님이 아무리 내 머리에 지식을 주입하려고 해도 내가 받아들일 준비가 되지 않으면 아무 소용없는 것처럼 말이다. 나는 책장 구석에 박혀있는 책을 집어 들고 자리에 앉아 책을 읽는 '놀라운' 일을 했음에도 책을 덮자마자 책을 읽기 전으로 돌아갔다. 책에서 알려주는 조언을 받아들일 준비가 되지 않았고, 실천에 옮기지 않았기 때문이다. 순간적으로 C를 조금 키우기만 했을 뿐, C를 a로 연결하지 못했다. C와 a 사이의 거리는 그때의 내겐 너무 멀었다. 책을 읽지 않는 사람이 얼마나 많은데, 읽는 것만으로도 대단하지라며 스스로를 칭찬했다.

눈으로만 하는 독서는 삶을 바꾸지 못한다. 머릿속에 지식이 쌓일지언정 실질적인 변화로 이어지지는 않는다. 무엇을 해야 하는지 누구보다 잘 아는 전문가가 될지언정 실제로 실천하지 못하는 헛똑똑이가 될 확률이 높다. 본인이 직접 나서지는 않고 후배에게만 일을 시키며, 상사에게는 그럴듯하게 보고해서 상황을 무마하는 직장인이 된다. 어떻게 하면 오늘 하루를 편하게 보낼 수 있을까 궁리하고 꾀를 부리는 데 익숙해진다.

10년 전에 내가 그랬던 것처럼 여전히 많은 사람이 눈으로만 책을 읽는다. 가방에는 꼭 책 한 권을 챙겨 다닌다. 진칠에서, 도서관에서, 카페에서 책을 읽지만 행동의 변화는 일어나지 않는다. 나는 책을 읽으면서 수없이 고개를 끄덕이며 어려운 상황에서도 용기를 잃지 않고 최선의 노력을 경주해서 결국 성공하는 위인들의 이야기를 보며 나 또한 그렇게 될 수 있다고 생각했다. 하지만 거기까지였다. 눈으로는 책을 읽었지만 마음으로 책을 읽지 않았다. 고개는 움직였지만 두 다리는 움직이지 않았다.

## 책을 씹어 먹어라

언제까지 책을 읽었다는 행위 자체로만 만족할 것인가? 요즘처럼 재밌는 콘텐츠가 넘치는 시대에 책을 읽는 것만 해도 대단한 일이라고? 그렇다. 책을 손에 잡고 펼치는 것도 굉장히 놀라운 실천이다. 이 책을 읽고 있는 당신도 놀라운 사람이다. 하지만 여기서 나아가지 않으면 삶의 변화는 일어나지 않는다. 한 발자국만, 딱 한 발자국만 더 나아가라.

방법은 간단하다. 읽는 책의 권수에 집착하지 마라. 일 년에 한 권 읽으면 어떤가. 백 권을 읽고 변하지 않는 사람보다 한 권을 읽어도 책에서 알려준 내용을 삶에 적용하는 사람이 백 배 낫다. 책을 읽으면서 내가 따라 할 수 있는 것을 발굴해라.

그리고 당장 따라 하라. 긍정적인 생각을 해보면 좋겠다는 조언이 마음에 들면 곧장 긍정적인 생각을, 할 수 있는 일을 찾으라고 하면 할 수 있는 일을 딱 하나면 된다. 하나를 실천한다면 하나가 둘이 되고 셋이 되는 기적을 경험할 수 있다.

『웰씽킹』의 저자 켈리 최는 말했다. "나는 100권의 책을 반복해서 읽고 실천했다. 나는 단지 100권의 책을 읽고 실천하는데 그치지 않고 그 사람들의 삶을 통째로 먹어버리기로 다짐했다."[16] 읽는 게 아니라 꼭꼭 씹어서 삼켜버리겠다는 생각으로 책을 읽어라. 두 눈에 힘을 주고 페이지를 넘겨라. 내가 고개만 움직이느냐 마음까지 움직이느냐에 따라 책의 효과는 달라진다.

당신은 지금 어떤 눈으로 책을 읽고 있는가?

당신은 고개만 끄덕이고 있는가, 아니면 온몸을 전율하고 있는가?

part 3

# Repetition

## 작심일년

repetition

# 1

# S=CaR

## 도전, 실천, 반복은 성공을 부른다

어제보다 나은 오늘을 보내기로 결심하고 목표와 계획을 세워 실천에 옮겼는가? 도전에 이어 실천까지 무사히 마쳤다면 이제 당신에게 남은 건 반복밖에 없다. 변하겠다는 의지를 담고 행동에 옮겼던 첫날을 잊지 않고 꾸준히 반복하면 성공으로 이어진다.

"S=CaR"을 상기하라. 도전 정신으로 무장하고 행동에 옮기더라도 반복하지 않으면(R=0) S는 0이다. 한 번 실천하는 것과 여러 번 실천하는 것은 완전히 다르다. 순간의 호기심으로 일회성 실전은 누구나 할 수 있다. 중요한 것은 실천을 반복하는 것이다. 끈기와 집념을 오래 유지하긴 어렵다. 하지만 반복하면 할수록 성과가 눈덩이처럼 커진다는 것을 명심하라.

도전하려는 의지와 반복도 상호보완 관계다. 도전 정신이 없으면 반복하지 못한다. 반복하더라도 내 의지가 아닌 타의에 의해 반복하는 건 영혼 없는 실천이다. 그저 과제를 제출하기 위해 같은 영어 문장을 100번 쓴다고 한들 효과가 있겠는가? 오늘이야말로 무조건 외워버리겠다는 집념을 갖고 문장을 100번 써야 잊어먹지 않는다. 그래야 다른 문장도 외우겠다는 목표가 생긴다. 도전은 반복 실천을 추동하고 반복 실천은 도전을 견인한다.

## 반복이 최고를 만든다

의지와 행동이 하나가 되었다면 진득하게 반복해야 한다. 오늘 한 걸음 나아간 것도 성공이지만 우리의 목표는 한 걸음이 아니다. 오늘도, 내일도, 모레도 한결같이 나아가야 한다. 삶을 바꾸겠다는 마음과 행동이 습관이 될 때까지 꾸준히 반복하라. 끈기, 반복, 지구력은 성공의 필수 불가결한 요소다.

손흥민 선수는 세계적인 윙어가 된 지금도 곁눈질하며 패스하는 연습을 한다. 쇼트트랙 국가 대표 김아랑 선수는 일어나자마자 러닝머신 위에서 달리고 근력 운동을 한다. 김연아, 류현진, 김연경, 허훈 등 종목을 대표하는 선수는 누구보다 기초 훈련에 시간을 쏟는다. 그저 그런 선수보다 정상에 오른 선수들이 더 지독하게 기초 훈련에 매진한다. 국가를 대표하는 선수가 되기 전부터 반복했던 훈련을 지금도 집요하게 반복한다.

이미 왕좌에 자리에 오른 선수들이 지루하고 귀찮은 훈련을 반복하는 까닭은 무엇일까? 최고의 경기력을 보여주기 위해서다. 단순해 보이는 체력 훈련, 러닝, 근력 운동이 경기력을 유지하고, 컨디션을 끌어올리는 데 도움이 되기 때문이다. 우리는 선수들의 화려한 플레이에 넋을 잃지만, 선수들이 경기장에 오르기 전에 어떤 시간을 보내는지는 궁금해 하지 않는다. 어제보다 나은 삶을 살기 위해서는 선수들이 경기장에서 보여주는 화려한 퍼포먼스만 보고 끝내는 것이 아니라 어떻게 이런 역량을 선보일 수 있는지 헤아리는 시간을 가져야 한다.

## 게임, 또 게임

프로게이머로 활동할 시절, 내 일과는 먹고, 자고, 싸고, 씻고, 다른 선수의 경기를 보는 시간을 빼고는 오로지 게임 연습으로 이루어져 있었다. 적을 때는 하루에 20판, 많을 때는 40판을 했다. 연습량은 거짓말을 하지 않는다. 연습을 해야 기량을 유지할 수 있고, 실력이 꾸준히 상승한다. 하루만 게임을 하지 않아도 마우스의 감촉이 어색하게 느껴졌다. 물론 어느 시기에는 정점에 다다랐다는 느낌이 들 때도 있었다. 아무리 연습해도 실력이 늘기는커녕 오히려 패배 횟수가 늘어 슬럼프에 빠질 때도 있었다. 하지만 결국 슬럼프를 극복하고 실력을 키울 수 있었던 것은 꾸준히 반복된 훈련 덕분이었다. 부단히 반복하고 연습해야 무엇이 부족한지 알게 되고 10번 실수할 것이 5번으로 줄어든다.

반복은 따분하다. 가장 고통스러운 건 고통스럽다는 걸 알면서도 해야 하는 것이다. 공부하기 싫은 이유는 공부하는 게 얼마나 괴로운지 알기 때문이다. 그렇지만 성장의 크기를 결정하는 것은 반복이다. 한두 번이 아니다. 수없이 반복해야 한다. 괴로움을 이겨내며 행동하는 데는 강력한 의지가 필요하다. 내 행동에 의미를 찾고, 반복을 거듭하며 성공한 모습을 상상하며 스스로 동기 부여를 반드시 해야 한다.

## 힘들 때야말로 반복하라

개인 트레이닝을 받아보면 트레이너의 패턴에 일종의 규칙이 있다는 사실을 알 수 있다. 벤치프레스 역기를 드는 운동을 예로 들면 운동하는 사람이 한계에 도달했다고 판단할 때 트레이너는 이렇게 말한다. “자, 마지막으로 하나만 더.” 있는 힘을 모두 쥐어짜서 하나를 더 들면 트레이너는 다시 말한다. “자, 이제 진짜 마지막, 마지막으로 하나만 더.” 트레이너의 이마에 꿀밤을 쥐어박고 싶다. 더 이상은 들 수 없다고 생각했는데 신기하게 하나 더 들게 된다. 트레이너는 자신의 한계를 뛰어넘는 순간이 근육이 생기는 순간이라고 덧붙인다.

도전 의식을 갖고 실천의 단계를 넘어서면 반복이 남는다. 모든 운동선수가 각자의 루틴대로 훈련을 반복하는 것처럼 우리도 원하는 것을 뇌와 몸에 적응시키기 위해 반복을 거듭해야 한다. 어떤 일이 있어도 반복할 수 있도록 스스로를 채찍질하자. 컨디션이 좋을 때는 누구나 실천할 수 있지만 컨디션이 나쁠 때는 아무나 실천하지 못한다. 중요한 건 컨디션이 나쁠 때에도 자신만의 계획을 실천하는 것이다.

“아니, 육체적으로도 정신적으로도 녹초가 되었는데 어떻게 더 하라는 말인가요? 쉴 땐 쉬어야 하는 거 아닌가요?”라고 반문할지도 모르겠다. 물론 몸이 아프거나 불편할 때는 쉬어야 한다. 하지만 내가 진짜로 할 수 없는지 할 수 있는데도 쉬고 싶어서 핑계를 대는 것인지는 스스로가 제일 잘 안다. 누군가는 힘들 때도 운동복을 챙기는 반면, 누군가는 조금만 힘들어도 텔레비전 리모컨부터 찾는다.

만일 오늘은 계획을 실천하지 못했다면 다음날에는 계획한 실천 강령보다 난이도를 낮춰라. 학원에 한번 빠지면 계속 빠지게 되는 것처럼 계획을 거르는 것도 습관이 되기 때문이다. 다음날에 해야 할 일의 난이도를 낮춤으로써 다시 완만하게 실천 궤도에 들어설 수 있도록 서서히 적응해야 한다.

## 성공의 법칙을 따라라

성공을 이루는 공식 C(Challenge), a(Action), R(Repeat)의 앞 글자를 따면 CaR, 자동차다. 당신의 마음속에 잠자고 있는 변화의 엔진에 도전 정신이라는 기름을 넣고 시동을 걸어라. 시동을 걸고 가속 페달을 있는 힘껏 밟아라. 페달을 밟으면 밟을수록 성장의 속도가 빨라진다. 브레이크는 없다. 브레이크를 밟는 순간 자동차는 정지한다. 당신은 브레이크가 없는 자동차다. 가속 페달에서 발을 떼지 마라. 몸을 젖혀 페달을 밟으면서 성장하는 자신을 느껴라. 도전과 실천, 그리고 반복은 당신을 세상에서 가장 빠른 자동차로 만들 것이다.

repetition

# 2

# 반복의 희열

## 나는 반복의 결과다

성공을 좌우하는 변수는 도전하겠다는 마음가짐, 행동으로 보여주는 실천, 그리고 꾸준한 반복이라고 말했다. 성공의 시작이 실천이라면, 성공의 완성은 반복이다. '아니, 일단 실천한 것만 해도 대단하다고 칭찬을 하더니 막상 시작하니까 지겨운 걸 반복하라고 하네. 너무 하는 거 아니야?'라고 볼멘소리를 할지도 모르겠다. 지금까지 책을 읽고, 뭐라도 실천한 것만 해도 칭찬받을 일이다. 하지만 "S=CaR"이 알려주듯이 반복은 성장의 필요조건이자 하루하루 나아가는 삶을 살기 위해 반드시 실행해야 하는 것이다.

당신의 모든 행동은 반복의 결과물이다. 숨을 들이쉬는 속도, 걸을 때 팔자가 되는 것, 수학 문제를 풀면서 펜을 돌리는 것, 다른 사람과 대화를 나눌 때 눈을 자주 깜빡이는 것, 양손으로 스마트폰에 한글을 입력하는 것 모두 반복의 소산이다. 부모에게 꾸지람을 들었을 때 손가락을 꼼지락거리는 것, 깜짝 놀라면 "엄마야!"라고 말하는 것, 신발을 구겨 신는 것까지 모든 행동은 수없이 많은 반복이 쌓이고 쌓인 결과물이다.

영국의 리더십 전문가 그렉 맥커운은 『에센셜리즘』에서 말한다. "에센셜리스트(본질에 집중하는 사람)의 방식은 다르다. 그들은 이루고자 하는 중요한 목표를 힘들이지 않고 자연스럽게 이루어내기 위해 자기만의 방식을 접하고 그것을 매일같이 반복한다. 목표를 이루기 위한 자기만의 방식이 자리를 잡는다면 자연스럽게 목표에 가까워지면서 힘들이지 않고 목표를 이루어낼 수 있게 된다."[17]

반복의 힘이 얼마나 무서운지 알고 싶으면 자주 쓰는 손이 아니라 다른 손으로 평소에 하는 행동을 시도해보라. 오른손잡이라면 왼손으로 젓가락질을 하거나, 샤워할 때 왼손으로 머리카락을 감아보라. 원하는 대로 젓가락을 쥐거나 시원하게 머리를 감지 못할 것이다. 당신이 아무런 의식 없이 취하는 모든 행동은 수십 년간 쌓은 반복의 증거다. 당신이 처음에는 네 발로 기어 다녔다는 사실이 믿어지는가?

## 노력을 다시 돌아볼 때

우리의 행동이 모두 반복에 따른 결과라는 것을 알게 되었을 것이다. 이것은 언뜻 당연해 보이지만 커다란 의미를 지닌다. 왜냐하면 내가 무슨 행동을 하든지 반복하기만 하면 숙달되고 잘하게 된다는 뜻이기 때문이다. 단지 행동을 반복하는 데 스스로의 심리적 저항감이 클 뿐, 어떤 일이든 반복하면 익숙해지고 실력이 늘게 된다.

세상은 반복의 다른 말을 노력이라고 한다. 요즘은 노력하는 사람을 미련하다고 보는 사회적 풍토가 만연하다. "아무리 노오오력해도 탄탄한 배경이 없으면 성공하기 힘들다. 노력보다 운이 훨씬 중요하다."라고 말하며 비트코인, 주식으로 많은 사람들이 일확천금을 노린다. 노력하는 사람을 폄하하고 무언가를 이루기 위해 애쓰는 자세를 경시하는 문화가 유행처럼 번져가고, 아무리 노력해도 바뀌는 건 없다고 생각하는 사람도 늘어나고 있다.

이는 잘못된 생각이다. 우리가 바라는 것은 어제보다 나은 내가 되는 것이다. 어제보다 5분 더 운동하는 것, 어제보다 한

번 더 크게 웃는 것, 어제보다 남의 말에 귀를 기울이는 것, 단순하지만 내 삶에 긍정적인 영향을 미치는 중요한 행동과 같은 소소한 성공은 노력 여하에 따라 얼마든지 쟁취할 수 있다. 이런 변화가 모여 3일 뒤의 내가, 한 달 뒤의 내가 바뀌는 것이다. 진학, 취업, 진급, 승진, 수상 등 기념에 남을 일은 작은 일이 모여서 만들어진 것이다.

## 매일의 역사를 만들어라

니체는 말했다. "우리는 역사를 나와는 전혀 관계없는 일이라고 생각하거나 도서관의 낡은 서가에 꽂혀 있는 오래된 책으로 여기는 경향이 있다. 하지만 우리들의 매일의 삶 자체가 곧 역사다. 지금 무엇을 위해 살고 어떻게 행동하는가. 그것이 바로 매일의 역사를 만들었다. 두려워하거나 허둥대지 않고 오늘 하루를 마쳤는가, 게으르게 보냈는가, 용감하게 도전했는가, 어떤 일을 어제보다 더 나은 방법으로 행했는가. 이 같은 태도들이 하나하나 쌓여 매일의 역사를 만드는 것이다."

삶의 목표는 어제보다 나은 오늘을, 오늘보다 나은 내일을 쟁취하는 사람이 되는 것임을 항상 기억하라. 당신이 24시간 동안 무엇을 했는지 자세히 생각해보라. 어제보다 나아진 게 하나라도 있는가? 있으면 오늘도 똑같이 행하면 되고, 없으면 오늘부터 시작하면 된다. 무엇을 해야 할지 모르겠다면 크게 웃어보라. 깔깔거리며 웃는 행동만큼 육체와 정신에 도움이 되는 것은 없다. 책을 덮고 10초 동안 미친 사람처럼 웃어보라. 무엇을 해야 할지 갈피가 잡힐 것이다.

수적천석水滴穿石, 물방울이 오랜 시간 같은 장소에 떨어지면 바위도 뚫는다는 뜻이다. 아무 것도 아닌 것처럼 보이는 작은 행동도 반복되면 바위를 뚫는 물방울처럼 큰 변화를 일으킬 수 있다. 의심의 눈초리, 불신의 마음을 거두어라. 반복은 정직하며 거짓말하지 않는다. 물방울을 떨어뜨릴 준비가 되었는가? 자, 그럼 반복을 시작할 차례다.

repetition

# 3

# 반복 즐기기

## 재미있게 반복하자

반복은 지난하다. 같은 일을 반복하는 게 즐거운 사람은 어디에도 없을 것이다. 프로게이머로 활동할 때 가장 힘든 일은 게임을 하는 것이었다. 누구보다 게임을 좋아했고 심지어 매일 게임을 할 수 있는 프로게이머가 되었건만, 정작 프로게이머가 되니 게임을 하는 게 스트레스 받는 일이 되었다. 공원에서 산책하고 싶어도 게임을 해야 하고, 카트라이더를 하고 싶어도 오로지 〈스타크래프트〉만 실행해야 했다. 좋아서 하는 일도 반복하면 고단한데, 좋아하지 않은 일을 반복하면 얼마나 괴로울까? 반복의 속성은 따분함, 귀찮음이 포함되어 있기 때문에 변하려는 결심을 유지하기 힘든 것이다.

반복의 지루함을 날려버릴 방법이 있으면 얼마나 좋을까? 다행히 즐겁게 반복할 수 방법이 있다. 잠시 시계를 거꾸로 돌려 초등학생 시절로 돌아가자. 처음 구구단을 배울 때 어떻게 했는지 기억나는가? 그렇다. 노래로 만들어서 외웠다. "이일은 이, 이이는 사, 이삼은 육…" 이일은 이부터 구구 팔십일까지 리듬에 맞춰 불러 외웠다. 시간이 지나면 노래를 부르지 않아도 구구단을 외는 경지에 올라선다. 한글과 영어도 마찬가지다. "가나다라마바사…", "ABCDEFG…" 자음 순서와 알파벳을 외울 때도 음악의 힘을 이용했다.

텔레비전 광고를 보면 상품명을 말할 때 유명한 노래를 개사하거나 음악을 넣는 경우를 빈번하게 찾을 수 있다. 전주만 들어도 특정 제품이 떠오른다. 단순히 제품명만 이야기하는 광고였다면 기억하지 못했을 것이다.

## 좋아하는 것을 활용한 공부, 운동

음악을 활용한 반복은 외국어를 공부할 때 굉장히 효과적이다. 좋아하는 가수의 노래를 흥얼거리며 가사를 외우는 것이다. 내가 일본어를 처음 공부할 때 사용했넌 방법이다. ZARD,

아라시, SMAP 등 좋아하는 가수의 노래 가사를 웅얼거리면서 모르는 단어를 수첩에 정리했다. 학교를 오가는 전철 안에서, 캠퍼스 안에서 노래를 듣고 외운 단어를 다시 노래 속에서 찾았다. 신나는 노래를 들으면서 일본어를 익힐 수 있어 일석이조의 효과를 봤다.

운동할 때도 신나는 노래를 들으면 한결 수월하다. 댄스곡을 틀고 노래가 끝날 때까지 3분만 운동해 보자. 헬스장에서 발라드가 아닌 댄스 노래가 울려 퍼지는 데는 이유가 있다. 흥겨운 노래를 들어야 몸이 가벼워지고 힘든 운동을 즐겁게 반복할 수 있기 때문이다.

자신이 좋아하는 콘텐츠를 활용하여 반복하는 방법도 있다. 좋아하는 배우가 출연하는 영화나 시트콤을 반복 재생하면서 배우의 대사를 외우거나 대사 속 문법을 학습하는 것이다. 외국 커뮤니티 사이트에 가입해서 활동하며 공부하는 방법도 있다. 야구를 좋아한다면 해외 야구 사이트에, 패션을 좋아한다면 해외 패션 사이트에 가입해서 글을 읽고 쓰면서 적극적으로 활동하라. 좋아하는 분야에 관심이 깊어지면서 자연스럽게 외국어를 공부할 수 있다. 좋아하는 것을 반복에 활용한다면 지루한 반복도 점점 즐거워질 것이다.

repetition

# 4

# 골든 타임을 놓치지 마라

## 골든 타임을 찾아라

고단한 반복을 지속하기 위해서는 몸과 정신이 가장 상쾌할 때를 찾아 그 시간을 집중적으로 활용해야 한다. 예를 들어 하루에 10분 책 읽기를 실천 계획으로 세웠다고 가정해 보자. 하루 어느 시간대에 책을 읽으면 좋을까? 책을 읽으려면 편안하게 몰입할 수 있는 시간이 좋을 것이다. 나는 새벽에 일어나서 아침을 먹기 전까지 집중이 잘 된다. 같은 시간 동안 책을 읽어도 밤에 읽는 것보다 새벽에 읽는 게 페이지가 잘 넘어가고 오래 기억에 남는다. 사람마다 집중이 잘 되는 시간은 천차만별일 것이다. 집중할 수 있는 골든 타임을 찾고 계획을 실천에 옮기자.

학교 수업으로, 회사 업무로 녹초가 되어 집에 돌아왔는데 안 그래도 재미없는 책 읽기를 실천할 수 있겠는가? 아마 불가능할 것이다. 씻는 것도 귀찮은 마당에 자세를 고쳐 앉고 책을 읽는 건 고역이다. 퇴근 후에 자기 계발을 실천하는 건, 웬만한 의지가 아니고는 쉽지 않다.

어떤 행동을 습관으로 삼고 싶다면 새벽 5시부터 아침 7시를 적극적으로 활용하라. 하루에 쏟아지는 정보에 노출되지 않아 마음이 고요한 시간, 무언가를 실천하기에 최적의 시간이다. 게다가 아침에 계획한 행동을 실천으로 옮기면 성취감과 자신감이 생긴다. 또한 긍정적인 기운으로 하루를 시작하면 그날의 모든 일을 기분 좋게 처리하는 효과도 거둘 수 있어 일석이조다.

## 아침 시간의 비밀

나는 글을 쓸 때 주로 새벽녘, 출퇴근 시간을 이용한다. 글이 잘 써지는 시간을 순서대로 나열하면 새벽녘, 출근 시간, 퇴근 시간이다. 새벽녘에는 머리 회전이 잘 되고 글을 쓰는 도중에도 아이디어가 샘솟는다. 출근하는 버스 안에서는 오늘 어떤 업무를 처리해야 하는지 일 생각이 드문드문 떠올라 글쓰기에 집중이 되지 않을 때가 많다. 퇴근 시간에는 아침 시간만큼 글쓰기에 열중하지 못한다. 그날의 업무를 매끄럽게 정리했을 때는 어느 정도 글이 써지지만 원하는 대로 업무가 진척되지 않았을 때는 일 생각이 머릿속에서 떠나지 않는다. 일과 시간에 누적된 피로 때문에 버스 뒷자리에서 잠을 잘 때도 많다. 퇴근 후 집에 도착해서는 가족과 시간을 보내고 예능 프로그램을 보다 보면 글을 쓸 시간이 없다.

다년간의 시행착오 끝에 새벽녘에 글이 잘 써진다는 걸 알게 되었다. 그것을 알게 된 후에는 책의 원고처럼 날마다 글을 써야 할 때는 의도적으로 일찍 잠자리에 든다. 평소보다 한두 시간 일찍 자고 일찍 일어나서 키보드를 두드린다. 새벽에는 텔레비전을 보고 싶은 생각도 들지 않고 머릿속이 개운해져 책을 쓰는 데 집중하기 좋다.

아침 시간에 창의적인 일을 하면 좋다는 건 뇌과학으로도 증명되었다. 뇌과학자 모기 겐이치로 박사는 『아침의 재발견』에서 말했다. "아침에 이제 막 깨어난 뇌는 전날의 기억이 정리되어 말끔한 상태다. 똑같은 일을 하더라도 낮이나 밤의 지친 뇌보다 훨씬 뛰어난 능력을 발휘한다."[18] 뇌는 하루에 받은 정보를 해마에 저장해놓았다가 잠을 잘 때 기억해야 할 정보와 잊어도 될 정보를 분리한다. 여러 프로그램을 실행해서 느려진 컴퓨터를 재부팅하는 것처럼 뇌는 잠을 자면서 스스로를 초기화한다. 그래서 아침 시간에 정신이 말똥말똥한 것이다.

## 구체적인 행동을 정하고 반복하라

뇌과학이 아침 시간은 효율적이라고 찬양하더라도 사람마다 집중이 잘 되는 시간은 제각각일 것이다. 어떤 사람은 저녁을 먹고 난 뒤 가장 컨디션이 좋을 수 있다. 어떤 사람은 전철을 타고 있을 때 가장 집중이 잘될 수도 있다. 좋아하는 카페나 도서관에 가야만 집중이 되는 사람도 있을 테다. 내가 무언가를 실천하기 가장 좋은 시간, 공간, 상황을 파악하고 실천하라.

모기 겐이치로 박사는 덧붙였다. "'아침에 무엇을 하겠다'는 다짐만으로는 뇌를 통제할 수 없으므로 구체적인 행동을 정해놓고 반복하는 편이 효과적이다. 뇌에서는 '동기화'라는 현상이 일어나므로 일이나 공부를 시작하면 뇌는 그 행동에 빠져들어 자신의 상태를 맞춰가려고 한다. 어느새 믿기 어려울 정도로 집중하게 된 자신을 발견하게 될지도 모른다."[19]

다시 한 번 강조하지만 실천 계획은 쉬워야 한다. "S=CaR"의 a를 떠올려라. 쉬워야 반복할 수 있다. 하루에 책 한 권 읽기,

세 시간 운동하기처럼 거창하게 계획을 짜면 실패할 확률이 높다. 10분 읽기, 10분 운동하기처럼 일상에 부담을 주지 않는 것이 좋은 계획이다. 이마저도 행동에 옮기고 반복하려면 굉장히 힘이 든다. 당신이 일어나서 집을 나서기 전까지 어떤 행동을 하고 싶은지 생각해 보자. 손쉬운 실천 계획을 정하고 반복하라.

repetition

# 5

# 아침에 지저귀는 새가 되어라

## 달콤한 밤의 유혹에서 벗어나라

앞서 컨디션이 가장 좋은 시간대를 찾아서 자기 계발의 골든 타임으로 활용하라고 당부했다. 뇌과학에 따르면 아침 시간이 저녁 시간보다 낫다고도 말했다. 해가 뜨기 전에 일어나서 새벽의 상쾌한 공기를 맡기 위해서는 넘어야 할 큰 산이 있다. 바로 밤의 유혹을 이겨내고 일찍 잠자리에 드는 일이다.

밤의 유혹은 달콤하다. 일을 마치고 집에 돌아오면 치킨에 맥주 한 잔이 떠오른다. 분명히 6시에 저녁을 먹었는데 9시가 되면 허기가 진다. 배달 앱을 실행해서 치킨을 주문한다. 30분이 지나 음식이 도착한다. 텔레비전을 앞에 두고 상 위에 음식과 맥주를 올려둔다. 시계 바늘은 어느덧 10시를 가리키고 있다.

그러는 와중에 티비에서는 재미있는 프로그램을 왜 이리 많이 하는 것인지. 티비를 보면서 연예인과 함께 깔깔거린다. 밤늦게 먹는 음식은 왜 이리 맛있고, 맥주 한 모금은 어떻게 이리도 시원할까? 이 기분을 만끽하기 위해 하루 종일 일을 한 것 같은 착각마저 든다. 예능 프로그램이 끝나면 반사적으로 리모컨을 집어 든다. 채널을 이리저리 돌린 뒤 치킨을 한 입 먹고 맥주를 들이켠다. 한 캔만 마시려고 했는데 무언가 아쉬워 한 캔을 더 열어 두 캔을 마셔 버렸다. 음식이 동나고 소파에 엉덩이를 파묻은 채 한참 텔레비전에 눈을 뺏긴다. 시계를 보니 12시, 자야 할 시간이다. 음식의 잔해를 겨우 정리하고 양치질을 한 다음 침대에 몸을 누인다. 귀중한 시간을 허무하게 보냈다는 부채감이 몰려온다. 내일은 생산적으로 살 것을 다짐하면서 잠을 청한다. 다음날, 알람 소리를 듣고 허겁지겁 일어난다. 어제의 다짐은 온데간데없다. 일을 마치고 집에 들어오면 몸은 또 파김치가 된다. 아무것도 하기 싫고 그저 쉬고 싶다. 그럼에도 곧바로 자지 않고 야식을 먹고 텔레비전을 보며 스트레스를 푼다. 이를 나를 위한 소중한 자유 시간이라고 합리화하면서. 돈을 벌기 위해 종일 고생한 나를 위한 작은 보상이라고 여긴다. 이거라도 하지 않으면 스트레스를 풀지 못할 거라고 생각한다. 이렇게 자신은 늘 최선을 다하고 있는 사람이 된다.

## 일찍 자기 위한 다짐

사실은 모든 사람들은 알고 있다. 집에 도착하자마자 씻고 잠자리에 들면 오랫동안 푹 잘 수 있고 아침에 일찍 일어날 수 있다는 것을. 밤늦게 젓가락을 들고 티비를 보며 희희낙락거리는 시간을 새벽 자기 계발 시간으로 활용할 수 있다는 것도. '뭔가 해야지'라고 생각하면서도 밤에 야식을 먹고 티비를 보는 것은 아무것도 하지 않겠다는 것과 마찬가지다.

우리는 늘 밤에게 진다. 밤만 되면 무력해진다. 맥주 한 캔만, 예능 프로그램 한 시간만, 유튜브 30분만을 되뇌며 감성이 이성을 압도한다. 밤에게 소중한 시간을 내어준다. 낮에는 그렇게 졸리더니 밤만 되면 정신이 확 깨고 눈이 말똥말똥해진다. 밤에는 모든 게 재미있다. 대하드라마도 재밌고 그렇게 싫어하던 사회 뉴스조차 흥미롭다. 마치 시험 기간에 공부 말고 다른 모든 일이 재미있는 것처럼 전부 신난다. 신기하다. 자야 하는데 잠이 오지 않는다.

하지만 변하겠다는 도전 정신을 품었다면 하루에서 밤이 차지하는 시간을 점진적으로 줄여야 한다. 아침에 일어난 후에는 술 생각이 나지 않으며 티비를 켜고 싶은 기분도 들지 않는다. 나는 일찍 일어나면 자연스럽게 스트레칭을 하고 글을 쓴다. 일찍 잠자리에 들기 위해 애쓴다. 잠이 오지 않을 땐 일부러 지루한 책을 펼친다. 다음 날 새벽 5시에 일어나기 위해서다.

## 일찍 일어나려면 일찍 잠자리에 들어라

혹자는 자신이 올빼미형 인간이라고 말하며, 새벽에 일어나기란 불가능하며 밤에 집중이 더 잘 된다고 이야기한다. 사람마다 바이오리듬이 다르기에 그럴 수 있다. 단 조건이 붙는다. 밤에도 생산적인 활동을 할 수 있어야 한다. 술을 마시거나 스마트폰을 만지작거리느라 늦게 자는 것은 올빼미형 인간이 아니라 게으름을 부리는 것이다. 진정 밤이 자신에게 최적의 시간이라면 그때 외국어 공부를 하거나 독서를 하는 등 자기 계발에 온전히 투자할 수 있어야 한다. 내가 달을 보며 무엇을 하고 있는지 곰곰이 돌아봐야 한다.

뇌과학에서는 무언가를 하기에 아침만큼 좋은 시간이 없다고 언급했다. 그럼 아침 시간을 이용하려면 어떻게 해야 하는가? 정답은 단 하나뿐이다. 수면 시간을 조정하는 것이다. 하루에 7시간 자야 하는 사람이라면 늦어도 10시에는 침대에 누워

잠을 청해야 한다. 말이 쉽지, 수면 시간을 조절하는 건 상당히 힘든 일이다. 우리 몸은 관성의 법칙에 지배당하고 있기 때문에 평소에 자는 시간에 적응되어 있다. 습관을 바꾸는 건 무서울 정도로 힘들다. 평범한 의지로는 바꾸지 못한다.

팁이 있다면 자야 하는 시간이 됐을 때 어려운 책을 읽거나 난해한 강의를 듣는 것도 좋다. 앞서 말했던 차인표 배우의 실천 에피소드가 기억나는가? 그도 일찍 잠들기 위해 침실에서 책을 펼쳤다. 고도의 집중력이 필요한 활동을 자야 할 시간에 실천하면 서서히 졸음이 밀려올 것이다. 졸음이 밀려오면 미소를 지으며 눈을 감으면 된다. 아침에 일어나면 홍차를 마시거나 초콜릿을 먹는 등 가벼운 보상을 주는 것도 도움이 된다.

목표와 비전을 생각하라. 목표를 실현하기 위해 새벽 시간을 활용하겠다고 다짐하라. 아침 시간은 당신의 사명을 이루는데 최적의 시간임을 상기하라. "아침에는 항상 상황이 나아집니다." 미국의 넬레 하퍼 리가 소설 『앵무새 죽이기』에서 말한 문장을 음미해보라. 아침을 당신을 성장시키는 시간으로 활용하라.

repetition

# 6

# 반복은 스페셜리스트를 만든다

## 익숙하지 않은 기술 익히기

나는 18살에 〈스타크래프트〉의 프로게이머가 되어 10대 후반과 20대 초중반을 프로게이머로 보냈다. 〈스타크래프트〉는 미네랄, 가스 두 종류의 자원을 모아 병력을 생산해서 상대의 건물을 먼저 부수는 쪽이 이기는 게임이다. 〈스타크래프트〉에는 효율적으로 플레이할 수 있도록 다양한 단축키 설정 기능이 있다. 유닛, 건물을 단축키로 지정하면 해당 버튼만 눌러도 유닛과 건물이 활성화된다. 유닛, 건물뿐만 아니라 화면 지정 기능도 있다. 마우스를 클릭해서 가고 싶은 지역으로 이동할 수도 있지만 단축키로 일정 화면을 설정하면 단축키만 눌러도 원하는 화면으로 바로 이동한다. 마우스를 움직여서 클릭하는 것과 버튼 하나만 누르는 걸 비교하면 후자가 영점 몇 초라도 빠르다. 마우스로 움직여서 화면을 클릭하면 매번 똑같은 화면으로 가기 어렵지만 단축키를 누르면 항상 같은 화면으로 이동해서 빠르고 편리하다.

프로게이머라면 게임이 제공하는 모든 기능을 이용할 거라고 생각하지만 꼭 그렇지는 않다. 선수마다 손에 잘 맞는 플레이가 있다. 어떤 선수는 특정 유닛만 사용하고 어떤 선수는 같은 전략만 시도한다. 갓 프로게이머가 된 나는 화면 지정 기능을 이용하지 않았다. 기능이 있다는 건 알고 있었지만 손이 따라주지 않았고 불필요하다고 생각했다. 그러나 어느 순간 화면 지정 기능을 숙달하기로 마음먹고, 이를 연습했다. 처음에는 화면을 지정하는 게 어색했다. 경기에 집중하다 보면 나도 모르게 단축키가 아니라 마우스를 이용해서 화면을 옮겼다. 화면 지정 기능을 이용하기 전보다 승률이 떨어졌다. 화면을 지정하는 걸 의식하면서 게임을 하니 병력을 흘리는 등 평소에 하지 않는 실수가 늘었다. 나는 고민에 빠졌다. '화면을 지정하는 게 경기력을 저하시키는데 당장의 승리를 위해서 화면 지정 기능을 이용하는 걸 그만두는 게 나을까.'

## 성장은 과거의 내 모습이 추억이 되는 것

고민이 환희로 바뀌는 데는 오랜 시간이 걸리지 않았다. 100판 가량 반복해서 연습했더니 화면 지정 기능을 활용하는 게 익숙해졌다. 〈스타크래프트〉는 초 단위로 승패가 좌우되는 게임이다. 상대의 공격에 재빠르게 대응하고 순간적으로 판단하여 빠른 명령을 내리는 게 중요하다. 화면 지정 기능이 손에 익으니 상대의 기습적인 공격에도 바로 화면을 전환해서 일꾼을 살리고 병력을 적재적소에 보낼 수 있었다. 패배했을 경기를 이기게 되면서 화면 지정을 쓰지 않았던 때보다 승률이 올라갔다. 결국 '내가 왜 여태껏 화면 지정 기능을 사용하지 않았을까?'라고 생각하게 되었다. 나중에는 화면 지정 기능을 사용하지 않는 게 더 어색해졌다.

미흡했던 과거의 모습이 떠오르지 않는 건 내가 성장했다는 증거다. 반복이 몸에 익으면 예전에는 왜 같은 일로 괴로워했는지 이해되지 않는다. 예전의 내 모습은 금세 잊어버리고 새로운 내 모습에 적응한다. 마치 처음부터 내가 이랬던 것 같은 착각을 하게 된다. 성장은 과거의 부족한 모습이 추억으로 바뀌는 것이다. 당신의 모든 행동을 통틀어서 처음부터 능숙하게 한 것은 하나도 없다. 실천과 반복이 축적되어 지금의 모습이 된 것이다.

repetition

# 7

# 하루 만에 바뀌는 얼굴은 없다

## 시간이 흐르면서 얼굴이 변한다

사람이 태어나서부터 죽을 때까지의 얼굴 변화를 1분 만에 보여주는 영상을 본 적이 있다. 갓난아기의 얼굴이 서서히 변해 청년의 얼굴이 되고 중년, 노년의 얼굴로 변했다. 외모의 개성과 특징은 그대로 남아있었지만 나이가 들면서 쇠하는 얼굴을 보니 기분이 묘했다. 얼른 성인이 되고 싶었던 나도 이제 마흔, 어느덧 중년을 향하고 있다.

사람의 얼굴은 시간에 따라 변한다. 자주 얼굴을 맞대는 지인이나 동료의 얼굴은 변하지 않는 것처럼 느껴진다. 좋아하는 연예인의 얼굴을 보면 마치 10년 전 모습과 그대로인 것 같은 착각도 든다. 흰머리가 조금 늘었을 뿐, 자신의 얼굴도 10년 전과 별반 다르지 않은 것 같다. 10년 전 마음과 지금 마음에 별반 차이가 없는 것처럼 말이다.

오랜만에 친구를 만나면 어떤가? 나이를 먹은 친구의 모습이 어색하다. '얘가 언제 이렇게 나이를 먹은 거지?' 친구도 나를 바라보며 똑같은 생각을 할 것이다. 추석에 부모님을 뵈면 지난 설날보다 야윈 게 눈에 띈다. 사람은 하루하루 늙고 있다. 날마다 보는 내 얼굴, 직장 동료의 얼굴은 자주 보기 때문에 큰 차이가 없는 것처럼 느껴질 뿐이다. 사실을 알고 싶으면 10년 전에 찍은 사진을 보라. 피부결부터 차이가 난다는 것을 깨달을 수 있다.

시간에 따라 얼굴의 변화하듯이 사람의 성장은 서서히 이뤄진다. 어제의 얼굴과 오늘의 얼굴은 똑같아 보이지만 다른 얼굴이다. 1년 전과 오늘의 얼굴을 비교하면 차이가 보인다. 눈가에 주름이 몇 개 늘었고 인상도 조금 변했다.

## 정성을 다해 반복하라

자기 계발을 위해 실천 강령을 반복할 때면 답답한 순간이 많다. 실천을 반복한다고 성과를 거둘 수 있는 건지, 시간만 허비하는 것은 아닌지 걱정이 앞선다. 그래서일까, 미디어는 단기간에 효능을 볼 수 있다고 과장하며 대중을 현혹한다. 하루 만에 입이 트인다는 영어 공부법, 3일만 투자해서 피아노를 마스터할 수 있는 방법, 이것만 따라 하면 곧장 성우처럼 말할 수 있는 발성법 등 짧은 시간에 당신이 변화할 수 있다고 광고한다. 그럴 리가 없다는 걸 알면서도 광고를 클릭하고 홀린 듯 비용을 지불한다.

누구나 적은 돈을 투자해서 큰 수익을 거두고 싶어 한다. 주식, 부동산, 가상 화폐, 현물 투자뿐만 아니라 자기 계발에서도 마찬가지다. 하늘에서 돈이 떨어지고, 하루 만에 외국인과 영어로 대화할 수 있는 방법이 있으면 얼마나 좋겠는가? 3일 만에 남부럽지 않은 몸을 가꿀 수 있으면 얼마나 좋겠는가?

하지만 당신은 세상에 그런 방법은 존재하지 않는다는 것을 누구보다도 잘 알고 있다. 알면서도 속고 있다. 어떤 변화든 꾸준히 시간을 들이고 정성을 다해 반복, 또 반복하는 게 최선이자 최고의 방법이다. 지금까지 살면서 충분히 깨달았을 것이다. 요행은 잠깐일 뿐, 나를 담금질하면서 고통 속에 체화한 것만이 진짜 실력이고 진정한 변화다.

## 자만심과 조바심을 버려라

그럼에도 많은 사람들이 여전히 짧은 시간 안에 무언가가 바뀔 거라는 기대를 저버리지 못하는 이유는 무엇일까? 욕심이 지나치기 때문이다. 다른 사람은 못해도 나는 할 수 있을 거라는 자만심, 단기간에 성과를 내고 싶은 조바심, 고생을 하고 싶지 않은 마음이 우리의 시야를 흐리게 만든다. 시간이 지나고 나아지지 않는 자신을 보며 안 되는 줄 알면서 왜 그랬을까 하고 자책하지만, 더 시간이 흐르고 나서는 언제 그랬냐는 듯이 예전에 실패했던 방법 그대로 같은 행동을 반복하는 우를 범한다.

이제 효과가 없는 방법은 그만 하라. 성과를 내려면 정공법으로 다가가야 한다. 조금만 멀리 내다보라. 시선을 10도만 올리면 지평선 너머 울창한 숲을 볼 수 있다. 울창한 숲 너머에 있는 하늘까지 바라보면서 천천히 걸어가자. 욕심을 버리는 순간, 작지만 의미 있는 실천을 하게 되고 반복이 즐거워진다. 지금 이 순간에도 당신의 얼굴은 변하고 있다. 얼굴이 바뀌는 것처럼 당신은 어제보다 반드시 나아지고 있다.

repetition

# 8

# 감성과 이성이 충돌할 땐

## 감성이 이성을 지배할 땐

인간은 기계가 아니다. 우리는 이성과 감성을 함께 지니고 있다. 어제보다 나은 내일을 보내기 위해 매진하는 건 이성의 영역이다. 하기 싫어도 해야 하기 때문에 어쩔 수 없이 돌덩이 같은 두 다리를 움직인다. 푹 자고 일어났을 때는 이성이 감성을 지배하지만, 바쁜 일을 하느라 지쳤을 때는 감성이 이성을 밀어낸다. 술에 취한 사람이 이성을 잃고 평소에 하지 않는 말을 하는 모습을 상상하면 이해하기 쉽다. 감성이 이성을 이길 때가 많은 건 인간의 진화와 관계가 있다. 배고프면 먹어야 하고 맹수가 나타나면 도망쳐야 하는 등 감정에 충실해야 생존

확률이 높아지기 때문이다. 이불을 부여잡고 5분만 더 자겠다고 웅얼거리는 건 감정에 충실한 자연스러운 행동이다.

감성이 이성보다 우위에 설 때는 쉬어야 한다. 뇌가 당신에게 쉬라고 신호를 보내는 것이다. 무언가를 실천하기 위해서는 제멋대로인 육체와 정신을 부여잡고 중심을 굳건히 잡아야 한다. 중심을 잡는다는 뜻은 감성보다 이성을 우선하여 이성적 사고를 바탕으로 몸과 마음을 지탱한다는 의미이다. 과도한 스트레스로 아무것도 못할 것 같은 상태에서도 자기 계발을 위해 무언가를 해야 하는 것은 크나큰 고통이다. 물론 힘든 상황에서 한 발 더 내딛는 게 성장의 밑거름이 되기도 한다. 그러나 더 나은 삶을 살기 위해 애쓰더라도 오늘을 살아야 내일을 살 수 있지 않겠는가? 그렇기 때문에 자신의 컨디션은 스스로 점검해야 한다.

## 내 몸을 살피는 게 먼저다

사람마다 스스로를 제어할 수 있는 자기 통제력의 정도는 차이가 있다. 내가 처한 상황과 주변 환경도 제각각이다. 100% 똑같은 과업을 수행하더라도 대리와 신입 사원이 느끼는 업무 부담은 다를 수밖에 없다. 대리에게는 익숙한 업무의 연장선이기 때문에 물 흐르듯이 일을 처리할 수 있지만, 신입사원은 모르는 것투성이다. 돌다리를 짚듯이 하나하나 물어봐야 하고 자신이 수행하는 일의 방향이 적절한지 재차 검토해야 한다. 선배에게 물어보는 것도 한두 번이다. 다들 바쁘게 일하고 있는 것을 보면 질문하는 것도 눈치 보인다. 결국 실수를 하고 부장의 불호령이 떨어진다. 똑같은 일을 하며 똑같은 시간을 보냈지만 대리는 아무렇지 않게 자리를 정리하고 퇴근하는 반면, 신입 사원은 고개를 푹 숙이고 PC를 끈다. 두 사람이 같은 시간에 출근해서 같은 시간에 퇴근한다고 하더라도 퇴근 후의 시간을 똑같이 보낼 순 없다. 대리는 헬스장을 찾아 운동할 수 있을지 모르지만 신입 사원은 친구들과 소주 한잔 하고 싶은 생각이 간절할 것이다.

어떤 상황에서도 무쇠처럼 자기 계발에 투자할 수 있는 습관이 들었으면 모를까, 평범한 우리는 그저 변덕스러운 인간이다. 어떤 날은 무엇이라도 할 수 있을 것처럼 의기양양하다가도 어떤 날은 아무것도 하지 않고 누워서 쉬고 싶은 날이 있다. 그렇기 때문에 실천 계획은 아주 쉬워야 한다. 계획을 초과 달성하는 즐거움을 만끽해야 오래 지속할 수 있다. 컨디션이 좋은 날에는 계획보다 많이, 컨디션이 나쁠 때는 계획만큼만 채우는 것이다.

자기 통제력도 연습과 반복 훈련을 통해 증진할 수 있다. 다만 여기서 이야기하고 싶은 것은 스스로와 약속을 지키는 것보다 더 중요한 건 내 몸 상태를 이해하는 것이다. 집안에 도둑이 들어와서 물건을 훔치는 동안 팔굽혀펴기를 할 필요는 없다. 일단 도둑을 잡는 게 급선무다. 내 몸을 살피는 연습을 하라. 언제 자기 계발을 할 수 있는지 하지 못하는지, 스스로를 점검하면서 자기 계발을 할 수 있는 상황을 점점 늘려가는 게 가장 합리적인 선택임을 기억하자. 무엇이든지 서두르지 않고 서서히 개선하는 것이야말로 최선의 전략이라는 것을 잊지 마라.

repetition

9

# 나는 오늘도 망각한다

## 전복 사고의 아찔한 기억

2010년, 대학교 3학년생이었던 나는 모 기업의 장학생으로 뽑혀 매달 장학금을 받으며 학창 시절을 보냈다. 기업에서는 여름 방학에 해외 연수 기회를 제공했고 나와 동기들은 계획을 꾸려 인도에 향했다. 밤낮없이 가동되는 인도 공장을 견학하고 명승지를 관광하면서 견문을 넓혔다. 집에만 있으면 게임만 했을 텐데 의미 있는 방학을 보내고 있다는 생각에 뿌듯했다. 모든 일정을 끝마치고 돌아온 마지막 주말에 인도 남서쪽 끝에 있는 해수욕장에 가기로 의견을 모았다. 숙소에서부터 해수욕장까지 자그마치 7시간이 걸리는 거리였지만 기억에 남는 밤을 보내고 싶었다. 점심 즈음에는 해수욕장에 도착하기 위해 새벽 4시에 출발했고 동기들과 나는 꾸벅꾸벅 졸면서 행선지로 향했다.

버스를 타고 간 지 서너 시간쯤 지났을까. 갑자기 타이어 미끄러지는 소리와 함께 버스가 오른쪽으로 급격하게 쏠렸다. 1초 뒤 다시 버스가 왼쪽으로 방향을 틀더니 이내 쾅 하는 소리와 함께 내 몸이 시계 반대 방향으로 기울어지면서 공중에 떠올랐다. 버스가 뒤집혀서 굴러떨어진 전복 사고였다. 얼마나 시간이 흘렀을까, 매캐한 냄새에 정신이 들어 주변을 살펴보니 동기들과 인솔자 모두 기절해 있었다. 자동차가 폭발할지도 모른다는 두려움에 빨리 일어나라고 소리 지르며 사람들의 어깨를 흔들었다. 깨진 유리창을 통해 버스를 빠져나와 도로변으로 기어갔다. 사고 지점에는 인도 사람 20여 명이 모여 있었고 한 사람은 도로 위에 주저앉아 통곡하고 있었다. 나중에 경위를 들어보니 버스 운전기사의 졸음운전이 사고의 원인이었다. 운전기사가 깜빡 졸았는데 눈을 뜨니 바로 앞에 사람과 소가 있었고, 사고를 피하고자 반대 차선으로 급선회했다가 반대 차선에서 달려오는 트럭을 피하기 위해 다시 핸들을 꺾는 과정에서 버스는 중심을 잃고 전복됐고 그때 소가 치여 죽은 것이었다.

살면서 가벼운 접촉사고는 몇 번 겪어봤지만 버스가 차선을 넘어 도로 밖으로 전복될 정도의 큰 사고는 처음이었다. 우리는 망연자실했다. 머나먼 이국땅, 도심에서 4시간 넘게 떨어진 곳에서 사고를 당했으니 도움을 요청할 길도 막막했다. 어깨뼈가 부러진 동기가 있었고 나는 왼쪽 발 복숭아뼈 주변 세 군데의 상처가 깊어 출혈이 심한 상태였다. 평지에서 사고가 나길 망정이지 높은 곳이나 물가에서 사고가 났으면 죽었을 만한 큰 사고였다. 한 명도 죽지 않은 게 천만다행이었다. 해외 연수 겸 여행은 그 순간 끝이었다. 보건소에서 응급 치료를 받고 큰 병원으로 옮겨 다시 처치를 받았다. 한국에 돌아온 뒤 서울의 대형 병원에서 진료를 받고 고향인 부산으로 내려왔다. 사고를 겪고 난 후 한동안 버스를 타는 게 두려웠다. 비행기, 기차, 전철을 탈 때도 식은땀이 났다. 버스를 타고 가는데 갑자기 급정거하는 느낌이 들면 손발이 저렸다. 지금도 가끔 그때의 사고가 떠오른다.

## 사고 뒤 내 삶은 변했을까

그래도 목숨을 건진 게 어딘가, 인도에서 한국으로 돌아오는 비행기 안에서 생각했다. '이렇게 큰 사고가 났는데도 목숨에 지장이 없는 건 행운이다. 앞으로 남은 인생은 보너스라고 생각하고 무엇이든지 최선을 다하겠다.'라고. 때마침 얼마 전 비행기 추락 사고에서 살아남은 릭 엘리아스의 TED 강연을 봤다. 그는 자신은 원래 죽었어야 할 사람이라고, 모든 것은 순식간에 변할 수 있다고 말했다. 그는 내일 비행기 사고가 날지도 모른다는 마음으로 하루하루를 보내니 삶이 달라졌다고 덧붙였다. 나도 그와 비슷한 체험을 한 셈이다. 당장은 사고의 후유증으로 고통스럽지만 이 경험이 내 삶을 보다 값지게 만들어줄 것으로 기대했다.

두 달 뒤, 어색했던 목발이 익숙해질 즈음 내 발은 완치됐다. 목발을 짚고 걷다가 두 다리로 마음껏 걸어 다닐 수 있어서 기분이 좋았다. 나는 어떻게 되었을까? 목발을 떼기 전 두 달 사이에 의미 있는 변화가 있었을까? 릭 엘리아스가 말한 것처럼 사고는 내 삶을 변화시켰을까? 안타깝게도 아니었다. 인도에서 한국으로 돌아오는 비행기에서 했던 생각이 희미해지는 데는 일주일이 채 걸리지 않았다. 사고의 흔적은 내 발의 흉터와 현관 앞에 걸쳐진 목발이 계속 상기시켜주었지만 나는 달라지지 않았다. 목발을 짚는 게 번거롭고 이따금 흉터에서 느껴지는 통증이 괴로울 뿐 생활 패턴에 변화는 없었다. 그렇게 큰 사고를 당해놓고도 아무것도 바뀌지 않았다는 게 부끄러울 정도였다. 여름 방학인데도 하고 싶은 걸 마음껏 못하는 점이 안타

까웠고, 무엇보다 친구들의 술자리에 낄 수 없는 게 가장 아쉬웠다. 현실을 한탄할 뿐, 나는 아무것도 변하지 않았다.

## 바람이 빠지고 있는 풍선

사람의 의지는 조금씩 바람이 빠지고 있는 풍선과 같다. 교통사고처럼 큰 충격을 받으면 한순간 팽팽해지는 풍선이 되지만, 점차 시간이 흐르면서 바람이 모두 빠지고 풍선은 쭈그러든다. 언제 그랬냐는 듯 사고의 기억을 잊어버리고 현실에 적응한다. 어제 다짐했던 결심이 하루, 이틀 지나고 나면 희미해진다. 풍선이 쭈그러들지 않으려면 공기를 계속 주입해야 한다. 책을 읽고, 강연을 듣고, 삶을 돌아보면서 도전 정신을 가다듬고 실천을 반복하면서 꾸준히 의지라는 풍선에 공기를 집어넣어야 한다. 인도에서 겪은 사고는 풍선을 집채만큼 크게 만들었지만 시간이 흐르고 결국 풍선은 바람이 다 빠져버려 바닥에 떨어지고 말았다. 인도에서 당한 사고가 삶에 큰 변화를 주진 않았지만 무의식의 한편에 시간을 소중히 보내야겠다는 작은 파동을 일으켰으리라 믿는다. 잔잔한 파동이 시간이 지나 취업을 준비하고 책을 쓰는 데 보탬이 되었으리라.

특별한 계기를 맞이한다고 사람이 한순간에 바뀌지는 않는다. 당신이 자신을 바꾸기 위해 무언가 큰 계기가 있어야 한다고 생각한다면 그건 착각이다. 시간이 지나면 다시 익숙한 삶으로 돌아간다. 이것은 의미하는 것은 무엇일까? 사람이 변하는 데는 특별한 계기가 필요하지 않다는 것이다. 하루하루 꾸준히 어제보다 조금이라도 나은 하루를 보내겠다는 작은 의지가 오랫동안 축적되어 변화가 이루어지는 것이다. 커다란 일회성 충격보다 작은 충격의 수없는 반복이 우리의 사고 체계를 바꾼다.

당신의 의지가 꺾이는 건 당연한 일이다. 인간은 편안함을 추구하도록 프로그래밍 되어있다. 그럼에도 스스로 불편함을 추구하는 당신은 대단한 사람이다. 공자와 맹자처럼 위대한 사상을 남겨야만 성인聖人이 되는 게 아니다. 어제보다 나은 삶을 보내겠다는 생각과, 생각을 실천으로 옮기며 반복하는 당신은 충분히 범인을 뛰어넘는 성인 아니, 초인이다.

repetition

# 10

# 당근을 들어라

## 당근과 채찍

특정한 일을 꾸준히 실천, 반복하게 만드는 원동력은 무엇일까? 마감 기한, 인정받고 싶은 마음, 금전적 보상 등 우리가 어떤 행동을 하게 만드는 의욕을 불러일으키는 것을 동기 부여라고 한다. 동기에는 두 가지가 있다. 외적 동기와 내적 동기다.

외적 동기는 다시 긍정적 외적 동기와 부정적 외적 동기로 나뉜다. 긍정적 외적 동기와 부정적 외적 동기는 당근과 채찍으로 비유할 수 있다. 당근은 어떤 일을 함으로써 받게 될 보상이다. 칭찬, 보너스, 선물, 존중받는 느낌과 같은 것들을 말한다. 숙제를 다 했을 때 부모에게 받는 칭찬, 프로젝트를 원만하게 수행하고 높은 실적을 거두어 받는 성과급이 대표적이다. 채찍은 어떤 일을 하지 않음으로써 내가 받게 되는 손해다. 부모의 호통, 감봉, 멸시받는 느낌과 같은 것들을 이른다. 숙제를 하지 않았을 때 부모에게 받는 꾸지람, 업무 실적이 낮아 깎이는 급여가 대표적이다.

사람마다 외적 동기를 다르게 이용한다. 어떤 사람은 긍정적 외적 동기를, 또다른 사람은 부정적 외적 동기를 활용한다. 누구는 칭찬을 받기 위해 일을 하는 반면, 누구는 혼나지 않기 위해 일을 한다. 어차피 같은 일을 해야 한다면 당근을 생각하면서 일하는 게 낫다. 채찍을 맞지 않기 위해 하는 일은 스트레스로 이어져 뇌의 부담을 가중시킨다. 뇌는 스트레스를 받으면 '노르아드레날린'이라는 호르몬을 분비한다. '노르아드레날린'은 스트레스를 줄이기 위해 통증을 억제한다. 뇌는 우선 스트레스를 해소하는 데 전력을 쏟기 때문에 과업을 수행하는 데 써야 할 에너지를 스트레스 해소에 쓰게 된다. 뇌과학적으로 성공했을 때의 달콤함을 생각하는 것이 실패했을 때의 아픔을 생각하는 것보다 훨씬 효율이 좋다는 뜻이다.

## 내적 동기 × 외적 동기

내적 동기는 외적 동기처럼 두 가지로 나누지 않는다. 내적 동기는 모두 긍정적이다. 내가 어떤 일을 수행하면서 느끼는 즐거움, 자신감, 성취감, 내가 하는 일이 더 나은 세상을 만들 것이라는 의미부여 등이 해당한다. 반도체를 만드는 엔지니어를 예로 든다면, 값싸고 성능 좋은 반도체를 만드는 데 기여하면서 대한민국의 성장을 견인한다는 느낌, 반도체라는 물질을 깊이 파고드는 재미, 더 나은 구조를 개발하면서 느끼는 짜릿함, 엔지니어로서 성장하고 있다는 자부심과 같은 것이다. 내적 동기는 누가 시키지 않아도 스스로 몰입하는 고도의 집중력을 불러일으킨다.

외적 동기와 내적 동기를 어떻게 결합하면 좋을까? 내적 동기로 무장한 채 긍정적 외적 동기를 적극적으로 활용하는 게 이상적이다. 부정적 외적 동기는 두뇌에 자꾸 후진 기어를 넣는다. 예를 들어 운동은 몸을 움직이면서 느끼게 되는 할 수 있다는 자신감, 운동의 강도를 점점 높이면서 얻는 성취감, 운동 자세, 체중 유지 방법, 올바른 식습관 지식을 알게 되는 재미 등을 내적 동기로 삼는다. 그리고 운동을 통해 얻게 되는 부가적인 효과를 상기한다. 몸을 가꾸면 매력이 올라가 이성의 관심을 받을 수 있다. 벌어진 어깨, 곧은 자세는 주변 사람에게 신뢰감을 준다. 또한 무거운 짐도 가뿐히 들 수 있고 오랜 시간 동안 일해도 버틸 수 있는 체력이 만들어진다. 내적 동기와 외적 동기를 결합하면 내가 원하는 모습에 점점 가까워질 수 있다.

## 나의 작은 행동이 사회와 연결된다

관건은 실생활에서 내적 동기와 외적 동기를 어떻게 적용할 것인가이다. 인간은 위기에 민감하게 반응한다. 사나운 맹수에게 잡아먹히지 않도록 으르렁 소리만 들어도 대피하도록 진화했다. 열심히 일해서 보너스를 받겠다는 의지보다 상사의 불호령을 피하는 게 급선무이며 몸에 직접 와닿는 동기가 된다. 하지만 상사의 불호령을 피하는 행동은 자신을 점점 수동적으로 만들며 일에 재미를 느끼지 못하는 원인이 된다. 두 가지 실천 방법을 활용하여 현실에 적용해 보자.

첫째, 내가 지금 하는 일은 다른 사람에게 도움이 되는 의미 있는 일이라는 걸 잊지 말자. 반도체를 만드는 것, 음식을 만드는 것, 청소를 하는 것, 모든 일은 누군가의 편의를 증진한다. 나의 작업이 누군가의 삶을 편하게 만드는 데 일조한다고 생각하면 내적 동기 부여가 강화된다. 또한 자기 계발에도 의미를 부여하라. 내가 운동을 해서 주변 사람에게 긍정적인 영향을 미치면 그들도 운동에 관심을 가질 것이다. 책을 읽음으로써 다른 사람에게 지식을 보다 쉽게 전달할 수 있다. 나의 행동을 이웃, 사회와 연결시키자. 목표를 세울 때 개인적인 성장을 넘어 이웃과 사회에 연계하는 것도 결국 내적 동기 부여를 자극하여 성공과 성장에 이르기 위함이다.

둘째, 지금 내 행동이 삶을 어떻게 바꿀 수 있는지 머릿속으로 그려 보자. 아무것도 하지 않는 내 모습과 무언가에 열중한 내 모습을 비교하면서 내 행동이 미래의 나를 어떻게 바꾸게 될지 상상해 보는 것이다. 누구 앞에서나 당당한 모습, 하루의 모든 순간에 보람을 느끼는 모습, 얼굴 가득 웃음 짓는 모습은 결국 내 행동에 따라 결정된다.

내 행동이 이웃과 사회에 기여한다는 것, 그게 다시 내 삶에 긍정적인 영향을 끼친다는 것. 두 가지를 수시로 되새긴다면 내적 동기의 주춧돌 위에 긍정적 외적 동기를 세울 수 있을 것이다.

part 4

# Success

## 성공이 성공을 부른다

success

1

# '좋아요'를 클릭하라

## 도전 정신을 최고로 키우는 방법

"S=CaR"이다. C가 커지면 S도 커질 뿐만 아니라 a와 R도 함께 커진다. 네 가지 알파벳은 서로 긴밀한 관계를 지니고 있다. 하나가 커지면 나머지도 커지고, 하나가 줄어들면 나머지도 덩달아 줄어든다.

그렇다면 가장 높은 수준의 C는 언제 발현될까? 바로 좋아하는 일을 할 때다. 하지 않고서는 참을 수 없을 만큼 열정이 타오른다면 C는 최고조에 다다르고 실천과 반복은 저절로 따라온다. 도전 의지를 고양하는 가장 좋은 방법은 대상을 진심으로 좋아하는 것이다. 학교 공부, 회사 업무가 권태롭고 지긋

지긋한 까닭은 좋아하지 않는 일을 억지로 하기 때문이다. 좋아하는 일에서는 극한의 C를 발휘할 수 있다는 건 성공의 중요한 힌트를 제공한다.

## 좋아하라, 연인을 대하듯이

위에 언급했던 것처럼 같은 행동을 꾸준히 반복하기 위해서는 대상을 좋아해야 한다. 흥미가 있는 것을 집중적으로 파고드는 게 좋다. 내가 프로게이머가 되고, 일본어 자격증을 취득하고, 책을 쓸 수 있었던 것은 대상을 좋아하고 연마하면서 더 좋아하게 되었기 때문이다. 취미로 시작한 게임, 일본어 공부, 책 쓰기는 시간이 지나면서 특기로 발전했다.

공자는 "아는 것은 좋아하는 것만 못하고 좋아하는 것은 즐기는 것만 못하다."라고 말했다. 아마 살면서 한 번씩은 들어본 명언일 것이다. "피할 수 없으면 즐겨라."라는 격언도 유명하다. 좋아하는 일을 하면 어깨가 들썩거린다. 즐겁기 위해서는 좋아하는 일을 해야 한다.

"네가 잘 되고 싶은 분야를 정하고 열정적으로 좋아해 봐." 라고 흔히들 이야기한다. 말은 쉽다. 하지만 무언가를 좋아하는 게 말처럼 쉽게 되는가? 말하는 대로 이루어진다면 대한민국 고등학생은 모두 공부를 좋아해야 한다. 그러나 현실은 어떤가? 우리나라에서 공부를 좋아하는 학생이 과연 몇 명이나 될까?

좋아하면 꾸준히 실천하게 되고 꾸준히 반복하면 실력이 늘어난다. 실력이 늘고 내가 잘한다는 걸 인지하면 그 대상을 더 좋아하게 되는 성장의 선순환이 일어난다. 프로게이머가 된 것, 일본어 자격증을 취득한 것 모두 같은 맥락이다. 좋아하는 일을 탐구하다 보니 남들이 놀랄 만큼 능숙해졌고, 실력이 상승하니 더 깊이 탐닉하고 싶어졌다. 자신감과 자존감이 생기면서 해당 분야에서만큼은 최고가 되고 싶은 욕심이 생겼다. 좋아하면 눈빛부터 달라진다. 좋아하는 이성이 데이트를 하자고 하면 어떤 기분이 들겠는가? 아무리 피곤해도 에너지가 샘솟을 것이다. 밤이든, 새벽이든, 지금 시간이 몇 시든 상관없이 외출 준비를 할 수 있을 것이다.

## 시작해야 한다

하루아침에 싫어하는 대상을 좋아하게 된다면 얼마나 좋을까? 하지만 싫어하던 것을 좋아하게 되는 건 대낮에 별을 찾는 것처럼 힘들다. 게임은 즐거운 콘텐츠니까 그렇다 쳐도 공부,

독서, 운동을 갑자기 좋아하라는 건 어불성설이다. 그만큼 어려운 일이기에 많은 사람이 지금도 흐리멍덩한 눈으로 하루를 보내는 중일 것이다.

하나의 묘수가 있다. 좋아하는 마음이 들지 않는다면 일단 실천하고 실력을 길러보는 것이다. 좋아하든 좋아하지 않든 어느 정도 실력을 갖추면 즐거워지는 순간이 반드시 온다. 실력이 늘면 흥미가 생긴다. 당신의 학업 성적이 마음에 들지 않는가? 공부를 하지 않는 이유는 재미가 없어서인가, 아니면 성적이 나빠서인가? 만약 당신이 학급에서 1, 2등을 다투는 실력자라도 과연 공부가 재미없을까?

공부처럼 재미없는 일을 재미있게 즐기기 위해서는 실력이 오르는 재미에 빠져야 한다. 두 달 동안은 아무리 지루해도 참는 근성이 필요하다. 눈을 질끈 감고 두 달 동안 계약 연애를 한다고 생각하며 좋아해 보라. 계획을 실천하고, 달성하고, 실력이 는다는 느낌이 들면 공부가 점점 즐거워질 것이다. 처음에는 마음에 없던 이성이라도 오랜 시간 같은 공간에서 대화를 나누고 정을 쌓으면 호감이 생기는 것처럼 함께 하는 시간이 지나면 대상과 점점 가까워진다.

## 좋아하거나, 실력을 키우거나

실력을 기르면 좋아하게 되고 좋아하면 실력을 기르게 된다. 성장의 선순환에 들어서기 위해서는 좋아하거나, 아니면 실력을 키우거나 두 가지 조건 중에 하나를 충족해야 한다. 당신이 도전하려는 대상이 공부처럼 어쩔 수 없이 해야 하는 일이라면 처음부터 그것을 좋아하기는 힘들다. 일단 시간을 투자해서 실력을 늘려야 한다.

앞서 이야기했지만 외적 동기를 내적 동기로 바꾸는 것이 효과적이다. 하기 싫은 일을 좋아하려면 내가 원래 좋아하는 것이라고 생각해 보라. 어떤 방법을 동원하든 억지로 하는 것보다 조금이라도 즐기는 게 실천의 계기가 되고 꾸준히 반복하는 원동력이 된다. 계속 들이대라. 나의 내면이 튕기더라도 끈질기게 구애하라. 싫어하는 대상이 좋아질 때까지 말이다.

success

# 2

# 나쁜 습관 손절하기

## 66일의 법칙

앞에서 두 달 동안은 지루해도 참고 견뎌야 한다고 말했다. 영국 런던 대학교 필리파 랠리 박사의 연구에 따르면, 기존의 습관을 버리고 새로운 습관을 들이는 데 평균적으로 66일이 소요된다고 한다. 두 달 동안 같은 행동을 반복하면 습관이 되는 셈이다. 날마다 한 번씩 66일을 반복하면 내가 하는 행동이 몸에 익어서 같은 행동을 하는 데 예전만큼 에너지가 들지 않는다.

『아침의 재발견』의 감수자 양은우 브레인 트레이너는 다음과 같이 말했다. "뇌는 에너지 소모를 최소화하려는 습성이 있다. 뇌의 무게는 1.4킬로그램 정도로 신체에서 차지하는 비중이 약 2퍼센트 정도에 불과하지만 신체에서 필요로 하는 에너지의 20퍼센트 정도를 소모하기 때문이다. 지나치게 에너지를 많이 쓰다 보니 늘 에너지를 절약하려는 습관이 나타나는데 무언가에 익숙해지면 힘들이지 않고 그것을 자동적으로 수행하려고 한다. 그것이 자동조정 방식이다. 이때의 뇌를 기능성자기공명장치로 촬영해보면 그리 활발하게 움직이지 않는 모습을 볼 수 있다. 하나의 행동이 습관으로 자리 잡으면 큰 노력을 들이지 않고도 그 일을 수월하게 해낼 수 있는데 이것이 바로 자동조정방식 때문이다. 그러므로 좋은 습관을 들이게 되면 힘들이지 않고도 긍정적인 결과를 얻을 수 있다."[20]

지금은 힘들게 느껴지는 행동이 66일 뒤에는 힘들게 느껴지지 않는다니, 이것은 어마어마한 성공이다. 66일이 지나면 66일 전에는 왜 내가 이렇게 살지 않았을까 하는 생각이 들면서 다시 새로운 실천 계획을 찾아나가는 단계로 발전한다.

## 나쁜 습관 손절하기

좋은 습관을 들이는 것도 어렵지만 나쁜 습관을 끊어내는 것은 너 어렵다. 지금보다 나아지는 방법에는 두 가지가 있다.

첫 번째는 좋은 행동을 하는 것, 두 번째는 나쁜 행동을 하지 않는 것이다. 하지 말아야 할 일을 하지 않는 것이 해야 할 일을 하는 것보다 더 힘들다. 좋은 습관은 무에서 유를 쌓는 것이기에 상대적으로 수월하다. 반면 나쁜 습관은 이미 내 몸에 자리 잡은 습관을 없애는 일이다. 나쁜 습관을 좋은 습관으로 대체해야 하기 때문에 훨씬 버겁다. 좋은 습관을 만드는 게 텅 빈 땅에 아파트를 짓는 것이라면, 나쁜 습관을 없애는 건 이미 지어진 아파트를 헐고 새로 짓는 것과 같다.

나는 스무 살까지 손톱을 물어뜯는 버릇을 갖고 있었다. 중·고등학생 때는 심각했다. 수업을 들을 때, 문제를 풀 때, 티비를 볼 때, 심지어 걸으면서도 손톱을 물어뜯었다. 손톱이 뭉개지고 거스러미가 뜯어져 피가 나는데도 손톱을 물어뜯었다. 더 이상 물어뜯을 손톱이 없어서 발톱을 물어뜯은 적도 있다. 붕대로 손가락을 감기도 하고, 쓴 약을 바르기도 하고, 손톱을 뜯고 싶을 때는 세수를 하거나 손깍지를 껴보기도 했지만 번번이 실패했다. 병적인 손톱 물어뜯기는 평생 고치지 못할 습관이라 생각했다. 다행히 지금은 손톱을 물어뜯지 않는다. 독서에 집중할 때면 가끔 손가락이 입으로 가지만 물어뜯진 않는다. 학창 시절 내내 나를 괴롭히던 손톱 물어뜯는 습관을 어떻게 고쳤을까?

내가 시도한 방법은 〈오른손 새끼손가락 손톱 물어뜯지 않기〉였다. 아홉 개 손가락의 손톱은 물어뜯어도 오른손 새끼손가락은 건드리지 않았다. 물어뜯고 싶은 욕망이 들끓을 때면 다른 손가락을 공략했다. 한 달쯤 흘렀을까, 오른손 새끼손가락의 손톱은 내가 꿈에서나 볼 수 있는 깨끗한 손톱이 되었다. 아홉 개의 손가락은 여전히 상처투성이였지만 하나의 손가락이 정상으로 돌아왔다.

손톱을 물어뜯지 않는 것은 다른 사람이 보기에 아무것도 아닌 일일지도 모르지만 내게는 큰 전환점이 되었다. 나는 내 손톱이 다시는 평범한 손톱으로 돌아오지 못할 거라 생각했다. 아홉 개의 상한 손가락과 대비되어 오른손 새끼손가락은 더없이 예뻐 보였다. 나머지 아홉 손가락도 모두 깔끔해졌고 결국 손톱을 물어뜯는 습관을 고칠 수 있었다. 나는 이제 아내의 등을 긁어줄 수도 있고, 알루미늄 음료수 캔을 따는 것도 거뜬하다. 다른 사람이 내 손톱을 이상한 눈으로 쳐다보는 걸 신경 쓰지 않아도 된다. 핏자국이 맺힌 손톱을 보면서 느꼈던 절망감, 이를 알면서도 또 손톱을 물어뜯고 후회했던 자괴감도 온데간데없다.

이제는 그때 왜 손톱을 물어뜯었을까 하는 생각이 든다. 십 년이 넘도록 나를 옭아맸던 지독하게 나쁜 습관이었다. 나쁜 습관은 고치고 나서 보면 아무것도 아닌 행동이 된다. 당신의 나쁜 습관은 무엇인가? 나쁜 습관을 바꾸기 위해 작은 행동 하나만 바꾸어 보자. 먹구름이 서서히 걷히듯이 나쁜 습관이 차츰 사라지게 될 것이다.

SUCCESS

# 3

# 게임 아이템을 줍듯 성취하라

## 게임이 재미있는 이유

게임은 재미있다. 지금 이 시간에도 PC방에서 키보드와 마우스를 두드리는 사람이 많다. 지금 게임은 PC를 넘어 스마트폰으로 영역을 넓혔다. 스마트폰의 성능은 점점 좋아지고 그에 맞춰 스마트폰 게임은 더 재미있어졌다. 마음만 먹으면 언제 어디서든 게임을 할 수 있다. 출퇴근 시간에 전철을 타면 게임을 즐기는 사람이 많이 보인다. 바야흐로 누구나 고성능 게임기를 주머니 속에 들고 다니는 시대가 된 것이다. 게임의 유혹은 생산적인 일을 못 하게 만드는 큰 원인 중 하나다. 게임은 왜 재미있을까? 게임이 우리의 삶에 생산적이지 않다는 것을 알면서도 왜 게임에 빠지게 되는 것일까?

사람들이 게임에서 손을 놓지 못하는 까닭은 게임 자체의 재미도 있지만 즉각적인 피드백 시스템의 영향이 크다. 게임은 유저가 잘하고 있는지, 잘못하고 있는지 실시간으로 보고한다. 내가 잘하고 있으면 승리하고 내가 부족하면 패배한다. 아무리 길어도 1시간 안에 승패 여부와 성과를 알 수 있다. 몬스터를 잡으면 아이템을 획득하고, 내가 육성하는 캐릭터의 레벨은 점점 올라간다. 레벨이 올라가면 사용할 수 있는 스킬이 늘어난다. 다음 레벨까지 남아 있는 경험치가 한눈에 보인다. 대부분의 게임은 시간을 투자하는 만큼 실력이 늘거나 캐릭터가 강해진다. 캐릭터의 성장을 지켜보는 유저는 콧노래를 부른다.

게임은 내가 투자하는 만큼 보상이 즉각적으로 주어진다. 게다가 현재 내 수준은 어느 정도인지, 얼마만큼의 노력을 기울이면 다음 단계로 올라서는지 시각적으로 즉시 알 수 있는 장점이 있다. 반면 자기 계발은 게임과 정반대다. 열심히 노력해도 사서 고생하는 느낌이 든다. 손에 잡히지 않을 것 같은 미래의 보상을 생각하며 감내하는 건 버겁다. 시간을 투자하는 만큼 성과가 나오는지 확인하기도 어렵다. 내가 잘하고 있는 건지, 잘못하고 있는 건지 정확히 파악하기도 어렵다. 게임에서는 1시간이면 승패가 갈리지만 현실에서는 한 달 동안 영어 공부를 해도 나아지는 것 같지 않다. 게임 캐릭터처럼 머리 위에 경험치가 보이는 것도 아니고 내가 얼마나 성장했는지 알려주는 사람은 아무도 없다.

## 게임 시스템을 이용하라

게임의 즉각적인 보상과 현재 상태를 명확하게 알려주는 시스템에 익숙한 사람들은 이런 상황을 견디지 못한다. 한 달이 넘도록 제자리걸음을 할 수도 있다는 생각에 이르면 아예 시도조차 하지 않게 된다. 그러나 게임에 힌트가 있다. 게임은 우리에게 어떻게 하면 게임처럼 즐기면서 성공에 다다를 수 있는지 암시한다.

첫째, 나에게 맞는 보상을 준비하라. 하루의 실천 계획을 지켰다면 스스로에게 보상을 부여하는 것이다. 예를 들어 아침에 일찍 일어나는 데 성공했다면 따뜻한 커피를 마시거나 달콤한 요구르트를 먹는 것이다. 둘째, 나의 현재 상태를 꼼꼼히 기록하고 특정 기간 동안 얼마나 발전했는지 점검하는 것이다. 수영을 배우는 걸 예로 들면, 운동이 끝날 때마다 신체 사진을 찍는 것이다. 두 달 전, 한 달 전보다 어깨가 넓어지는 걸 확인하는 순간, 하면 된다는 성취감이 느껴질 것이다. 50미터를 헤엄

치는 데 시간이 얼마나 걸리는지 주기적으로 평가해서 기록이 빨라지는 걸 확인하는 것도 좋은 방법이다. 성장은 성장을 부르고 계속 수영장에 가고 싶은 생각을 들게 만든다.

우리나라 사회 문화는 칭찬에 인색하다. 잘하는 것은 당연하고, 못하면 꾸지람을 듣는다. 성인이 되면서 칭찬받을 일은 점점 줄어든다. 어느덧 칭찬에 엄격한 잣대를 세우는 문화에 적응한다. 부정적인 피드백을 받을 일만 두려워하고 칭찬을 받을 생각은 안개처럼 희미해진다.

당신을 칭찬할 사람은 당신밖에 없다. 다른 사람은 당신이 칭찬받을 일을 했는지 알지도 못할뿐더러 당신이 어떤 행동을 하든지 별로 관심이 없다. 게임 속 캐릭터처럼 살아 보라. 스스로 뿌듯할 만큼 마음에 드는 행동을 했다면 레어 아이템을 줍듯이 즐거워하고 스스로를 칭찬하라. 게임의 장점을 현실에 응용하면 어려운 목표에 보다 쉽게 접근할 수 있을 것이다. 게임하듯 실천하고 점검하라.

success

4

# 당신은 위대한 사람이다

## 어제보다 한 걸음 더 내디딘 사람

어떤 실천이든 어제보다 나은 행동을 한다는 건 대단한 일이다. 남이 아니라 자신과의 싸움에서 이겼다는 의미이기 때문이다. 날마다 어제의 나보다 나아진다고 생각해보라. 10일, 한 달만 지나도 범접할 수 없는 사람이 될 것이다.

나는 책을 쓰면서 거듭 다짐했다. '어제보다 나은 사람이 되고 싶다'라고. 〈어제보다 나은 사람이 되고 싶다〉는 건 변화경영연구소 구본형 대표의 철학이다. 그의 책을 여러 권 읽으면서 하루하루 나아가는 삶을 살아야겠다는 목표를 세웠다. 어제보다 나은 사람이 되지 못할지언정 어제보다 못한 사람은 되고 싶지 않다. 딸을 재우고, 나도 잠자리에 누운 뒤 오늘 하루를 되돌아본다. 오늘은 어제보다 괜찮았는지, 내일은 오늘보다 더 나은 하루를 보낼 자신이 있는지, 자기 계발에 정성을 들였는지, 나와 대화를 나눈 사람에게 최선을 다했는지 돌아본다. 스스로가 마음에 들지 않을 때도 많다. 화낼 일이 아니었는데 화를 냈다던가, 내게 도움이 되지 않는 시간을 보냈다고 느낄 때도 많다. 나는 완벽하지 않기 때문에 같은 실수를 되풀이한다.

하루하루 나아지는 게 얼마나 힘겨운지는 노력해본 사람만이 안다. 아무리 애써도 별로 달라지는 것 같은 느낌이 들지 않을 때는 절망스럽다. 내 몸뚱이가 원망스럽고 사람을 만나는 것마저 싫어지기도 한다. 인간은 누구나 슬럼프에 빠진다. 프로게이머가 되기 위해 연습을 할 때도, 수능 공부를 할 때도, 일본어를 공부할 때도, 취업 준비를 할 때도, 회사에서 일을 배울 때도, 책을 쓸 때도, 강연을 준비할 때도 잘 될 때가 있으면 안 될 때가 있었다. 앞으로만 가고 싶은데 간혹 미끄러지고, 뒤로 밀려나는 순간도 있다. 잘못된 방향으로 갈 때도 많았다. 한 번에 성큼 나아가지 않았다. 시행착오를 거치며 서서히 앞으로 나아갔다. 순탄한 길은 없었다. 남이 보기에는 아무리 간단해 보이는 과업도 내 일이면 거대하게 느껴진다. '나'라는 우주에서 벌어지는 모든 일은 단순하지 않고, 만만하지도 않다.

## 성공은 한 뼘씩 나아가는 것

어제보다 한 뼘이라도 더 나아지기 위해 발버둥치는 당신은 훌륭한 사람이다. 스스로를 안아줄 자격이 충분하다는 사실을 잊지 않으면 좋겠다. 아무리 사소한 일이어도 변화라는 것은 나를 지배하는, '나'라는 우주의 법칙을 무너뜨려야 하는 작업이다. 간단한 일은 절대 간단하지 않다. 자신감을 가져도 좋다. 바라는 대로 진척되지 않더라도, 오늘 해야 할 일을 하지 못했더라도 고개를 숙이지 마라. 자책하지 마라. 당신은 나아지기 위한 여정에 막 들어섰을 뿐이다. 당신을 질책할 수 있는 건 당신밖에 없다. 당당하게 가슴을 펴고 걸어가면 항상 당당할 수 있다.

스탠퍼드 대학교 교육대학원 교수 조 블러는 저서 『언락』에서 말한다. "많은 사람이 '성공은 소수에게만 해당하는 것'이라고 생각한다. 이렇게 생각할 수밖에 없는 사회적 환경에 놓여 있기도 하다. 그런데 일부만이 높은 성취를 이룰 수 있다고 믿어버리면, 이 믿음이 인생 전체에 영향을 미쳐 스스로를 온전히 충족시킬 인생 경로를 선택하지 못하게 된다. 잘못된 믿음이 잠재력을 제대로 발휘하지 못하도록 방해하는 것이다."[21]

사람들은 나보다 뛰어난 누군가를 바라보며 좌절한다. 저 사람은 나랑 똑같은 시간을 투자했는데 나보다 훨씬 성과가 좋다며 우울해 한다. 하지만 그러지 않아도 된다. 당장의 성과가 중요한 게 아니다. 하루아침에 여름이 겨울로 바뀌지 않는다. 어떤 상황에서든 꿋꿋하게 자기 기준에 따라 뚜벅뚜벅 나아가는 사람이라면 결과와 상관없이 성공한 인생을 보내고 있는 것이다.

당신을 과소평가하지 마라. 당신이 변하려는 그 순간에 당신의 몸에서는 빛이 난다. 변하려는 생각을 했을 때도, 생각을 실천에 옮겼을 때도, 꾸준히 반복을 거듭할 때도, 성취를 느끼며 다시 계획을 세울 때도, 어떤 순간에서도 당신은 빛나는 사람이며 위대한 존재다.

무언가를 이루려는 사람보다 아무것도 하지 않는 사람이 훨씬 많다는 사실을 늘 기억하라. 현재에 만족하고 현실에 안주하려는 사람이 대부분이다. 인간은 편한 상태를 추구하게끔 프로그래밍 되어 있다. 나를 이겨내고 변화를 추구한다는 사실만으로도 박수 받을 일이다. 당신의 위대함을 깎아내리지 마라. 자신을 바꾸려는 담대한 일에 도전한 당신은 무엇이든 할 수 있는 용기를 지닌 사람이다.

SUCCESS

# 5

# 첫 승이 만든 우승

## 첫 승리의 짜릿한 기억

내가 프로게이머가 된 것은 고등학교 2학년 때이지만 프로게이머를 꿈꾼 시점은 중학교 3학년 때부터다. 나는 게임을 열렬히 좋아했다. 〈스타크래프트〉 CD를 구매한 건 재미있다는 소문이 자자했기 때문이었다. 당시 게임을 좋아하는 사람이라면 누구나 〈스타크래프트〉를 즐겼다. 나는 기꺼이 그 무리에 합류했다. 승패를 겨루는 게임이니만큼 승리할 때마다 짜릿한 쾌감을 느꼈다.

처음에는 반 친구들과 자체 리그전을 구성해서 게임을 했다. 친구에게 승리하며 자신감을 얻은 나는 동네 PC방 대회에 참가해서 입상했다. 승리했을 때의 성취감, 그리고 더 잘하고 싶은 향상심은 게임을 지속하게 만드는 원동력이 되었다. 동네 PC방 대회는 점점 더 큰 대회로 규모가 커졌고 프로게이머가 되기 직전에는 부산에서 개최한 대회에서 두 번 준우승을 거두었다. 서울에서 내로라하는 선수들이 부산까지 내려와서 참가한 대회였다. 뛰어난 선수들 틈바구니 속에서 준우승을 거두었다는 데 고무되어 전국 대회에 참가해야겠다고 결심했다.

고등학교 2학년 가을, 서울에서 개최하는 전국 대회에 참가해서 예선을 통과했다. 본선 경기부터는 전국에 생중계됐다. 뜨거운 조명을 받으며 데뷔전을 치렀다. 첫 방송 경기에 참가했을 때가 아직도 생생하게 기억난다. 드래곤볼의 손오공이 입을 법한 우주복을 입고 뜨거운 조명 아래에서 땀을 뻘뻘 흘리며 경기했다. 수능을 준비해야 하는 고등학교 3학년 때는 학업에 전념했다. 수능이 끝난 뒤 다시 프로게이머에 도전했고, 프로리그 우승을 거두었다.

## 승리가 키운 자존감

게임을 좋아한다고 해서 한순간에 실력이 오르지는 않았다. 실력은 차근차근 한 단계씩 올랐다. 어떨 때는 아무리 게임을 해도 기량이 오르지 않았다. 그럴 때는 다른 선수들의 경기를 지켜보면서 머리를 식혔다. 동네급 선수에서 시내급 선수로, 시내급 선수에서 전국급 선수로 발돋움할 수 있었던 건 무엇보다 승리라는 열매의 과즙, 부풀어 오르는 자신감과 자존감 덕분이었다. 학교에 다니면서 게임을 연습했던 나는 어느덧 교내에서는 도전자가 없을 만큼 〈스타크래프트〉를 잘한다고 인정받았다. 친구들은 내게 〈스타크래프트〉에서 승리할 수 있는 전략 전술을 물었고 다른 유명 선수들과도 경기를 해봤냐고 묻는 등 관심을 보였다. 나에 대한 인정과 관심이 더 게임을 잘하고 싶게 만드는 동기를 부여했다.

프로리그 우승은 반 친구들과 진행한 자체 리그전에서 승리한 것부터 시작됐다. 친구들을 이기면서 재미를 느끼고 자신감을 얻지 않았다면 〈스타크래프트〉에 매진하지 않았을 것이다. 승리하기보다 패배를 더 많이 했던 친구들은 〈스타크래프트〉에 싫증을 느끼고 다른 게임을 했다. 승리라는 열매를 계속 먹으면서 나는 나보다 더 잘하는 사람처럼 되겠다는 것을 목표 삼아 연습에 매진했고 프로게이머 세계에 발을 들이게 되었다.

## 기준을 발목까지 낮춰라

카이스트 생명과학과 김대수 교수는 『뇌 과학이 인생에 필요한 순간』에서 성공의 경험이 성공으로 이어진다고 말한다. "뇌는 성공한 경험을 기억하는 기능이 있다. 예를 들어 도파민 신경이 강화학습에 작용한다. 보상이 많은 행동을 하게 되면 도파민이 증가하고 행동을 조절하는 전두엽과 선조체에 작용한다. 보상을 얻을 때 나타난 행동을 기억하고 강화하기 위함이다. 이것이 이세돌과 세기의 바둑을 두어 승리한 알파고 인공지능이 모방한 강화학습이다. 도파민 신경은 예측을 한다는 신기한 특징을 가지고 있다. 보상이 주어질 만한 대상이나 상황이 되면 보상을 받기 전에도 도파민 신경이 반응한다."[22]

어떤 일을 하든지 성취감을 느껴야 꾸준히 그 일을 해나갈 수 있다. 내가 잘하는 일이든, 못하는 일이든 만족할 수 있는 기준을 낮추는 게 핵심이다. 팔굽혀펴기를 10번 할 수 있는 사람이라면 3번 하는 걸 계획으로 세우고 3번 이상 한 것에 기뻐하라. 성취를 거두었다고 기뻐하는 순간 3번 해야 할 것을 5번, 10번 하게 된다. 똑같이 감당할 수 있는 최대치인 10번을 했지만 정해놓은 기준이 무엇이었느냐에 따라 느끼는 성취감이 달라진다. 목표와 계획을 스스로 세웠듯이 만족의 기준도 스스로 세울 수 있다.

그렇다면 날마다 성취하는 방법은 무엇일까? 바로 기대치를 낮추는 것이다. 나는 팔굽혀펴기 15번을 하면 하루의 운동량을 다 채웠다며 만족한다. 아무것도 아닌 행동이 성취감을 부르며 그 성취감이 나를 더 운동에 몰두하게 만든다. 운동 시간이 1분에서 20분, 30분까지 늘어난다. 나는 매일 실천 계획을 초과 달성하는 재미에 빠진다. 자신이 나날이 발전하는 게 느껴진다.

여기서 중요한 건 작은 성공에도 성취를 느끼려는 마음가짐이다. 사소한 일은 사소하지 않다는 것을 항상 생각하라. 당신의 사소한 변화는 나비의 날갯짓이 되어 변화와 성장으로 이어진다. 아침에 5분 일찍 일어난 것, 책을 한 페이지 읽은 것, 달걀말이를 하나 덜 먹은 것, 변기에 앉아 뉴스를 본 것 등 사소하지만 어제보다 나은 행동에 열렬하게 감탄하라. 새로운 일에 도전할 때는 아주 작은 성취에도 감탄하라. 책을 읽는 것을 예로 들면, 책을 읽겠다고 생각한 것, 책을 빌리러 도서관에 갈 채비를 한 것, 도서관에서 책을 고른 것, 책을 들고 와서 의자에 앉은 것, 책장을 펼쳐 저자 소개를 읽은 것 등 모든 행동에 의미를 부여하고 스스로에게 감탄하라. 성공은 당신의 안에 있다.

success

# 6

# 책 쓰기, 내면의 마라톤 경주

## 인생의 목표가 된 책 쓰기

나는 2016년부터 2021년까지 5권의 책을 출간했다. 이 책은 6번째 책이다. 햇수로 치면 1년에 한 권씩 책을 쓰고 있는 셈이다. 책을 쓰겠다고 마음먹고 아내에게 선포한 것이 엊그제 같은데 해마다 한 권의 책을 출간하는 게 일생의 목표가 되었다. 책을 쓰려면 백지를 응시하는 괴로움을 이겨내야 한다. 백지를 물끄러미 쳐다보고 있으면 금세 아득해진다. '과연 책 한 권 분량의 글을 채울 수 있을까?', '원고를 다 쓴들 출판사에서 원고를 알아봐줄까?'와 같은 생각이 든다. 그렇게 글을 다 쓰면 출판사에 투고해야 한다. 출판사에서 원고를 책으로 만들어준다는 보장은 없다. 이제 한 권의 책을 쓰는 게 즐거우면서도 고통스러운 일이라는 걸 알게 되었다. 무식한 사람이 용감하다고 아무것도 모를 때보다 지금 책을 쓰는 게 더 어렵다.

책 쓰기는 마라톤 경주와 흡사하다. 42.195킬로미터라는 거리를 같은 속도로 묵묵히, 꾸준하게 달려야 하는 일이다. 짧으면 두 달, 길면 여섯 달 동안 글쓰기라는 행위를 반복해야 한다. 반복은 고되다. 반복의 지루함을 이겨내야 원고를 완성할 수 있다. 책 쓰기는 "S=CaR" 공식과 맞아떨어지는 일이다. 책 쓰기를 예로 들어 어떻게 하면 실천을 반복하고 원고의 완성이라는 성공에 이를 수 있는지 알아보자.

### "S=CaR"을 책 쓰기에 대입하면

첫째, 한 문장만 쓰면 된다고 생각한다. 소설가 김영하 작가는 본인만의 글쓰기 노하우를 공개했는데, 핵심은 '에이, 한 문장만 쓰면 되는데 뭘'이라는 말로 압축할 수 있다. 전업 작가도 글쓰기가 어려운 건 마찬가지다. 한 문장만 쓰면 된다며 스스로 허들을 낮추어 뇌를 속이는 것이다. 막상 글을 쓰기 시작하면 한 문장이 두 문장, 두 문장이 한 문단으로 늘어나는 건 순식간이다. 늘 시작이 어렵기에 시작의 허들을 최대한 낮추는 게 관건이다. 나는 딱 5분만 쓰자고 스스로를 다독이며 컴퓨터 앞에 앉는다. 글을 쓰기 시작하면 5분이 한 시간으로 금세 늘어난다. 물론 5분 동안 아무것도 쓰지 못하는 날도 있다. 그날은 글이 써지지 않는 날이라고 생각하고 자리에서 일어난다. 글이 써지지 않는데 억지로 글을 쥐어짜는 건 책 쓰기를 재미없게 만들기 때문이다.

둘째, 수시로 환경을 바꾼다. 뇌는 새로운 자극을 좋아한다. 같은 시간, 같은 공간에서 글을 쓰는 것보다 환경을 바꿔가며 글을 쓸 때 지속적으로 글쓰기를 실천할 수 있다. 나는 주로 컴퓨터 앞에서 글을 쓰지만 스마트폰으로도 쓴다. 출퇴근길, 카페에 앉아 스마트폰 메모장을 실행해서 엄지손가락으로 글을 쓴다. 컴퓨터로 쓰는 글이 70%, 스마트폰으로 쓰는 글이 30% 정도 된다. 키보드로 쓰는 것보다 글을 쓰는 속도는 떨어질지 모르지만 환경이 달라지니 새로운 아이디어가 잘 떠오른다. 가끔은 침대에 엎드리거나 소파에 누워서 글을 쓴다. 스마트폰으로 쓴 글은 주기적으로 컴퓨터에 모아서 퇴고한다.

셋째, 채워지는 글을 보며 만족한다. 책 쓰기는 10만 자 이상의 글을 써야 하는 장기전이다. 제아무리 집중해도 하루에 3,000자 이상 쓰기는 힘들다. 하루에 3,000자씩 33일 쓴다고 가정하면 한 달 만에 10만 자를 채울 수 있지만 글이 써지지 않는 날도 있고 1,000자밖에 쓰지 못하는 날도 있다. 하루에 쓰는 양이 얼마가 됐든 글을 썼다는 사실에 만족하고 분량이 채워지는 걸 바라보며 스스로에게 칭찬을 건넨다. 0자에서 5만 자까지 쓰는 것보다 5만 자에서 10만 자까지 쓰는 게 더 수월하다. '아직 반도 못 채웠어.'에서 '이제 반도 안 남았어.'로 바뀌는 전환점이기 때문이다. 아무도 언제까지, 얼마만큼의 글을 쓰라고 챙겨주지 않는다. 책을 쓰는 페이스는 스스로 조절해야 한다. 격려도, 재촉도 나 자신이 해야 한다. 글자 수가 늘어나는 원고를 보면서 웃음 짓고 다음 글을 쓸 힘을 얻는 게 훌륭한 동기 부여가 된다.

넷째, 책이 출간되는 순간을 상상한다. 원고를 다 쓰면 출판사에 투고해야 한다. 투고는 내 원고를 책으로 만들어달라고 요청하는 작업이다. 출판사에서는 원고의 내용과 시장성을 판단해서 저자에게 책으로 출판하자고 제의한다. 저자와 출판사의 계약이 끝나고 원고 집필을 마무리하면 편집을 거쳐 책이 출간된다. 출판사에서 원고에 관심을 갖고 연락하려는 장면, 책이 서점의 매대 위에 올라가 있는 장면, 그 책을 집어 들어 책장을 펼치는 독자를 상상하는 것만으로도 글을 쓸 힘이 생긴다.

"S=CaR" 공식을 책 쓰기에 대입해봤다. 성공한 모습을 상상하며 마음을 다잡는 것, 5분만 쓰자고 생각하며 작은 실천을 시작하는 것, 장소를 옮겨가며 글쓰기를 반복하는 것, 내가 쓴 글에 성취를 느끼고 다시 책 쓰기에 몰두하는 것이 성공의 열쇠다. "S=CaR"은 어떤 일에도 대입할 수 있다. 시작의 허들을 낮추고, 실천하고, 작은 변화에 만족하면서 과업을 반복하고, 목표를 완수한 내 모습을 상상하라. 뜨거운 트랙 위에서 마라톤을 하듯이 허리를 세우고 두 팔과 두 다리를 있는 힘껏 내딛어라.

success

# 7

# 어린 시절의 나를 되찾기

## 내 꿈은 만화가

초등학교 6학년 때 내 장래희망은 만화가였다. 만화를 보고 그리길 좋아한 나는 문방구에서 500원짜리 연습장을 사서 만화를 그렸다. 주인공은 우리 반 친구들이었고 친구들이 편을 나누어 축구 시합을 하는 내용으로 만화를 만들었다. 만화를 다 그리면 친구들에게 100원씩 받고 연습장을 빌려주었다. 대략 10명 정도 만화를 구독했으니 500원짜리 연습장을 사고 500원의 이윤을 남긴 셈이었다. 돈을 벌어 막대 돈가스나 떡볶이를 사 먹는 것도 쏠쏠했지만 만화를 그리고 보여주는 행위 자체가 즐거웠다. 친구가 만화를 보며 히죽거리는 모습을 볼 때 행복했다. 일요일 아침에는 부모님이 나를 깨우지 않아도 만화를 보기 위해 벌떡 일어났다. 아침부터 만화를 보며 깔깔거렸다. 용돈이 남으면 만화방에 가서 아이큐점프, 소년챔프를 보며 웃었다. 나는 소소한 일에 행복을 느끼고 만족할 줄 아는 어린이였다.

시간이 흘러 중·고등학교에 진학했다. 스스로의 삶에 만족하는 시간은 급격히 줄었다. 학교와 학원은 공부의 즐거움을 추구하는 곳이라기보다는 성적을 평가받기 위해 머무르는 공간처럼 느껴졌다. 집에서는 게임만 했다. 대학을 졸업하고 대기업에 취직했다. 남들이 보기에는 번듯한 어른이 되었지만 내 삶에 만족하지 못했다. 업무 스트레스는 보이지 않는 고릴라처럼 어깨를 짓눌렀고 나는 무거운 발걸음으로 회사를 오갔다.

## 어린 시절의 나를 되찾기

남부럽지 않은 삶을 사는 것처럼 보였지만 껍데기뿐인 행복이었다. 어느 날은 잠을 자려고 이불을 덮었는데 나도 모르게 눈물이 흘렀다. 옆에는 딸이 새근새근 자고 있었다. 벽 쪽으로 돌아누워 눈물을 닦았다. 현재의 삶이 불만족스러워도 가족을 위해 참고 견디는 수밖에 없었다. 그날은 쉽게 잠들지 못했다.

내가 선택한 회사이고, 업무 실적도 괜찮으며, 나에 대한 평가도 나날이 좋아지는데 나는 지금 왜 행복하지 않을까. 오랜만에 만나는 나의 내면이었다. 그날 깨달았다. 내가 불행한 까닭은 내가 할 수 있는 일보다 할 수 없는 일에 집중하기 때문이라는 것을. 내가 할 수 있는 일은 당연하다고 여기고 하지 못하는 것은 스스로의 능력 부족이라고 질타했다. 나는 사소한 성취에 만족할 줄 모르는 어른이 된 것이었다.

나는 마음을 내려놓았다. 일손이 부족하면 주변 사람에게 도움을 구했다. 내가 할 수 있는 일에 집중하고 작은 성과에도 만족했다. 파트너와 통화가 원만하게 끝나면 잘했다고 스스로를 칭찬했고, 내가 제안한 해결책이 효과가 있으면 기뻐했다. 동료가 기분 좋은 일이 있으면 함께 축하했다. 상사와 후배와 차 한 잔을 마시며 여유를 되찾았고, 통근버스에선 글을 쓰며 행복을 느꼈다. 나는 생각보다 긍정적이고 할 줄 아는 게 많은 사람이었다. 만화를 보며 히죽거리던 어린 시절의 나는 지금도 마음속 같은 자리에 있었다.

변한 건 겉모습밖에 없었다. 내가 현재 소유한 것, 할 수 있는 것에 만족하니 모든 일이 더 나아지기 위한 도전으로 다가왔다. '실패해도 상관없다. 밑져야 본전이며 내가 할 수 있는 만큼만 해도 충분하다.'라는 자세는 의욕을 불러일으켰다. 웃음이 늘었다. 여유가 생기니 다시 책을 쓰고 싶어졌고 한동안 미루었던 책 쓰기에 도전했다.

혹시 아무것도 하지 못하는 자신을 보며 책망하고 있지는 않은가? 당신은 당신이라는 존재만으로도 사랑받을 자격이 충분하다. 당신이 이미 지니고 있는 능력과 할 수 있는 일에 자부심을 가져도 괜찮다. 당신이 이루어내는 작은 변화를 소중히 감싸 안아라. 내가 변할 수 있다는 것에 감사하며 미소를 짓고 천천히 나아가라. 내 앞에 놓인 김치찌개, 고등어구이, 모락모락 김이 나는 밥 한 순갈에 만족해 보라.

SUCCESS

8

# 성장은 성장의 밑거름이다

## 첫 책이 만드는 기회

2016년 여름, 우여곡절 끝에 첫 번째 책 『프로게이머를 꿈꾸는 청소년들에게』를 출간했다. 대학을 다닐 때부터 책을 쓰는 게 꿈이었는데, 드디어 꿈이 현실로 이루어졌다. 책이 출간되고 평범한 직장인에서 새로운 부캐인 작가를 선물 받았다. 처음에는 내 이름으로 된 책 한 권만 출간해보자는 심산으로 책 쓰기에 도전했는데, 책을 출간하니 또 다른 기회가 찾아왔다. 『e스포츠 사용 설명서』라는 책을 출간하고 싶은데, 내가 적임자라며 한 출판사로부터 연락을 받았다. 나는 가만히 있었는데 책이 다시 책 쓰기를 불러왔다. 저자가 누릴 수 있는 최고의 호

사인 원고를 써달라는 요청을 받은 것이다.

책 쓰기는 다시 다음 책 쓰기로 이어졌다. "S=CaR"이다. S의 비중이 커지니 C, a, R이 덩달아 함께 커졌다. 해마다 책을 쓰겠다는 목표가 생겼고, 책 쓰기뿐만 아니라 블로그, 브런치 계정을 개설해서 일상 글을 쓰게 되었다. 꾸준히 글을 쓰며 글쓰기를 생활 습관으로 만들었다. 이제 마음만 먹으면 언제 어디서든 글을 쓸 수 있다고 믿는다. 책 쓰기라는 첫 번째 성취가 다른 성취로 줄지어 연결되는 걸 체감했다.

책 쓰기는 강연 기회로도 이어졌다. 몇몇 도서관으로부터 내 경험을 청중에게 소개해달라는 제안을 받았다. 책 쓰기가 강연과 맞닿으면서 강연이라는 새로운 일에 도전할 수 있었다. 강의 계획과 목차를 구성하고 자료를 작성하는 과정은 즐거움의 연속이었다. 누군가가 내 이야기에 귀 기울여주는 것만큼 신나는 일이 있을까? 강연을 준비하면서 서 있는 자세를 교정하고 발성을 훈련했다. 올바른 자세로, 또렷한 목소리로 내용을 전달해야 청중의 집중력이 올라가기 때문이었다. 이는 회사의 업무에 자신감을 갖고, 요점을 일목요연하게 전달하는 역량을 키우는 데에도 보탬이 됐다.

## 성공은 성공으로 연결된다

대학에 다니면서 일본어 능력시험 1급 자격증을 취득했다. 어느 날 수업이 끝나고 다른 수업을 들으러 가는 길이었다. 9박 10일 동안 일본에서 진행되는 문화 체험에 참가할 학생을 모집한다는 공고가 눈에 띄었다. 참가 자격은 1급 자격증 보유 여부였고 인문계열에서 1명, 공학계열에서 1명을 뽑았다. 정부 지원 행사로 참가비는 무료였다. 인문계열은 일어일문학과 학생들이 지원해서 경쟁률이 높았지만 공학계열은 나 혼자 지원했다. 일본어 자격증을 딴 덕분에 9박 10일 동안 무료로 일본을 여행할 수 있었다. 도쿄와 오사카의 명소를 관람하고 특산품을 맛보며 이웃나라의 삶을 직접 체험했다. 취업을 준비하며 자기소개서를 쓸 때도 일본어 성적을 기입했다. 일본어 자격증으로 무엇이든 열심히 한다는 인상을 면접관에게 심어줄 수 있었다.

S는 하나의 S로 끝나지 않는다. 성공과 성장은 새로운 기회를 손짓하며 부르고, 또 다른 성공과 성장으로 연결된다. 성공 경험이 축적되면서 얻을 수 있는 기회도 늘어난다. 한 번 커진 S는 C, a, R을 자극한다. 어느 순간부터는 아무것도 하지 않으면 좀이 쑤신다. 심심할 때마다 새로 도전할 만한 무언가를 탐

색하게 된다. 이번 책을 쓰면서는 뇌과학에 관심이 생겼다. 뇌과학은 사람 행동의 근원을 이해하는 데 도움이 되는 학문이었다. 뇌과학을 공부해서 다음 책을 쓰리라 마음먹었다. 7번째 책을 쓰면 어떤 기회가 생길지 벌써 심장이 두근거린다.

SUCCESS

# 9

# 성공한 사람들이 아침에 이불을 정리하는 이유

## 하루를 바꾸는 작은 습관

미국의 혁신가 팀 페리스는 『타이탄의 도구들』에서 성공한 사람들의 공통적인 다섯 가지 의식을 소개했다. 그는 아침에 일어나서 이부자리를 정리하라고 권한다.

해군 제독 윌리엄 맥레이븐은 텍사스 대학교 졸업식에서 이렇게 연설했다. "매일 아침 잠자리를 정돈한다는 건 그날의 첫 번째 과업을 달성했다는 뜻입니다. 작지만 뭔가 해냈다는 성취감이 자존감으로 이어집니다. 그리고 또 다른 일을 해내야겠다는 용기로 발전합니다. 하루를 마무리할 무렵이 되면 아침에 끝마친 간단한 일 하나가 수많은 과업 완료로 바뀌게 됩니다.

그렇게 살아가면서 우리는 깨닫게 됩니다. 인생에서는 이런 사소한 일들이 얼마나 중요한지를."[23]

나는 6개월 전에 『타이탄의 도구들』을 정독했다. 책 내용 중에 유일하게 기억나는 것은 '이부자리 정리하기'다. 나는 책을 읽고 난 다음날부터 잠에서 깨면 제일 먼저 이부자리를 정리했다. 일어서서 이불의 양 끝을 잡고 팔을 아래에서 위로 들어 올렸다. 이불을 펼쳐 매트리스 위에 자리를 잡고 모서리 네 군데를 정돈했다. 이부자리를 정리하는 데는 30초도 채 걸리지 않았다. 성공하는 사람들의 공통된 의식치고는 단순하다고 느꼈다. 이부자리 정리의 효과를 확인하는 데는 오랜 시간이 걸리지 않았다. 퇴근 뒤 업무에 지친 내가 옷을 갈아입으러 침실을 지나다가 본 반듯하게 정리된 이부자리는 나의 지친 마음을 평온하게 해주었다. 아침에 투자한 30초가 퇴근 후 내 감정을 고요하게 만드는 데 큰 도움을 준 것이다. 이후 밖에 외출할 때는 가능한 한 집안을 정돈하고 나가는 습관이 생겼다. 어지럽게 놓인 물건을 제 위치에 두고, 설거지를 하고, 신발장의 신발을 가지런히 정리한 뒤 외출했다. 아무것도 아닌 것 같은 이부자리 정리는 만족감과 보람을 주었을 뿐만 아니라 정리 정돈하는 습관 또한 길러주었다.

앞에서 계속 언급했듯이 사소한 일은 사소하지 않고, 작은 성취는 작지 않다. 좋은 습관은 다른 좋은 습관을 부른다. 팀 페리스가 언급한 이부자리 정리 이외에도 책상 정리하기, 수건을 사용하고 거치대에 바르게 걸어두기, 화장실 슬리퍼 방향 맞춰두기, 옷을 벗자마자 세탁기에 넣어두기 등 작지만 성취감을 얻을 수 있는 행동은 무궁무진하다. 작은 일이 모여 큰일로 이어진다.

30초만 투자하면 하루의 시작과 끝이 달라진다. 내일 아침에 일어나면 30초만 이부자리 정리에 투자하면 어떨까? 어차피 밑져야 본전이니까.

part 5

# Change Your Life

## 변화를 만끽하라

change your life

# 1

# 밤에 웃으려면 아침에 인상 써야 한다

## 송나라의 농부

인간은 누구나 편한 것을 추구한다. 뇌는 미래를 위한 준비보다는 당장의 쾌감을 선호한다. 자격증을 따기 위해 공부하는 것보다 SNS에 사진을 올리고 〈좋아요〉 개수가 늘어나는 걸 보는 게 훨씬 즐겁다. 시간을 들여 운동하는 것보다 게임 한 판 더 하는 것이 더 재미있다. 알 수 없는 미래를 대비하는 일은 고통스럽다. 아무리 즐겁게 미래를 준비하려고 해도 인고의 시간을 투자해야 한다는 본질은 변하지 않는다.

송나라에 한 농부가 있었다. 농부는 밭을 갈다가 토끼가 그루터기에 머리를 들이받고 목이 부러져 죽는 것을 목격했다.

이를 본 농부는 쟁기를 집어던지고 그루터기에서 다른 토끼가 부딪히길 기다렸다. 토끼는 나타나지 않았다. 농부는 시간을 낭비한 채 집으로 갔다. 이는 수주대토守株待兎라는 사자성어 이야기다. 어떤 착각에 빠져 이루어지지 않을 일을 공연히 고집하는 어리석음을 이르는 말이다.

우리는 일확천금을 꿈꾸며 로또에 당첨돼서 하루아침에 10억 원이 넘는 돈을 거머쥐는 장면을 종종 상상한다. 나도 가끔 로또를 산다. 로또에 당첨되면 무엇을 할까 기분 좋은 상상을 하면서 일주일을 보낼 때도 있다. 당신이 꿈꾸는 미래가 로또에 당첨되는 것처럼 그저 주어지길 바란 적은 없는가? 생생하게 꿈만 꾼다고 바람이 이루어지지 않고, 간절하게 기도만 한다고 부와 운이 끌어당겨지지 않는다. 생생하게 꿈꾸면서 바람을 이루기 위해 몸을 함께 움직여야 하고, 간절한 마음으로 부단히 실천해야 한다.

## 행운을 경계하라

작은 노력을 들여 큰 성과를 거두고 싶은 건 모든 사람이 바라는 일이지만 이는 에너지 보존의 법칙에 위배된다. 성장은 공평하고 정직하다. 콩 심은 데 콩 나고 팥 심은 데 팥 난다는 말처럼 시간을 얼마나 투자했는지, 투자한 시간에 얼마나 정성을 다했는지에 따라 성장의 정도가 좌우된다. 주변 사람과 겨루어야 하는 경기처럼 상대평가의 경우에는 투자한 만큼 성과가 나오지 않을 때도 있다. 나보다 상대방이 더 열심히 공부했다면, 나보다 상대의 성적이 더 좋을 수밖에 없다. 그러나 자기계발은 다르다. 반드시 노력한 만큼 성과가 나온다. 운동한 만큼 몸이 건강해지고, 공부한 만큼 지식이 쌓인다. 운동한 것보다 더 몸이 좋아지길 바라고, 공부하지 않으면서 지식이 쌓이길 바라는 건 도둑놈 심보다. 머리로는 알고 있지만 노력해야 한다는 진부하고도 지난한 과정은 나도 모르게 대가 없는 성과를 바라게 만든다.

충분한 노력을 기울이지도 않았는데 기대치 않은 성과를 거두었을 때는 겸손하고 조심해야 한다. 우연히 시험 직전에 공부한 부분에서 문제가 출제됐다거나 경쟁자의 실수로 인해 먼저 승진하면 마음 한구석에 방심이라는 싹이 자란다. 싹은 뿌리를 내리고 줄기를 키워 결정적인 순간에 요행을 바라게 만든다. 만일 행운이 다가온다면 열심히 하라는 신호로 받아들이고 더욱 매진해야 한다.

우리는 송나라의 농부를 비웃지만 누구나 송나라의 농부가 될 수 있다. 행운을 경계하라. 실력으로 승부하고 결과를 받아들었을 때 노력의 성과라고 당당하게 자부할 수 있어야 한다. 거듭 말하지만 시간은 누구에게나 공평하고 공정하다. 노력은 거짓말을 하지 않는다. 당신의 성장은 당신이 투입한 시간의 양에 농도에 의해 결정된다.

change your life

2

# 250페이지 중에 249페이지 버리기

## 한 페이지만 가슴에 저장하라

나는 책 읽기를 좋아한다. 책을 쓰면서 독서에 흥미를 붙였다. 보통 한 달에 두 권 이상은 읽는다. 분야는 가리지 않지만 특정 기간 동안 한 분야의 책을 집중적으로 읽는 편이다. 역사에 흥미를 붙였을 때는 역사 서적을, 경제에 관심이 생기면 경제 서적만 읽는다. 한 분야에서 다른 분야로 관심이 옮겨가면 또 그 분야의 책만 찾아본다.

대학생 시절, 한때 내 가방 속에는 자기 계발서만 들어있었다. 집과 대학교 도서관을 왕래하며 책을 10권씩 빌리고 다 읽으면 반납한 다음 또 10권을 빌리는 식으로 자기 계발서만 섭

렵했다. 저자가 말하는 성공 법칙을 암기했고 자기 전에 중요한 문장을 다시 읽어보며 마음을 다졌다. 나는 그때 읽은 자기계발서가 향후 책을 쓰고자 하는 마음을 갖게 만들었고, 지금처럼 책을 쓰는 계기가 되었다고 생각한다. 당시에는 고개만 끄덕이게만 했던 책이지만 나도 책을 쓰고 싶다는 열망이 잠재의식을 파고들었다. 책을 쓰겠다는 생각을 실천으로 옮기는 데는 8년이 넘는 시간이 걸렸다. 언제나 한 번에 원고를 다 써야 한다는 부담스러운 계획을 세웠기 때문이었다. 8년이 지나 작은 실천의 놀라움을 깨달은 나는 날마다 조금씩 글을 썼고 결국 책을 출간할 수 있었다.

누군가는 자기 계발서를 읽는 걸 시간 낭비라고 생각할 것이다. 모두가 아는 이야기를 장황하게 설명하고 읽을 때만 마음을 동하게 하는 책일 뿐, 실질적인 도움이 하나도 되지 않는다고 불평할 것이다. 책을 받아들이는 자세는 사람마다 천차만별이니 그렇게 해석하는 것도 독서의 한 방법이라고 볼 수 있다. 하지만 나는 조금 다르게 생각한다. 어렵게 자기 계발서를 읽기 시작했다면 책에서 알려주는 지침 중에 단 하나, 딱 하나만 내 삶에 적용해 보기를 권유하고 싶다. 250페이지에 달하는 책 내용 중에서 한 페이지만 삶에 적용하는 거다. 나머지 249페이지는 기억에서 지워도 좋다. 책을 읽으며 고개만 끄덕

여도 좋다. 책 속의 내용은 내 마음 어딘가에 저장되어 필요한 순간에 튀어나올 것이다. 249페이지는 잊더라도 단 1페이지는 반드시 기억하라. 읽으면서 허공을 응시하게 만든 문장이나 침을 삼키게 만든 문장을 기억하라. 그리고 그 페이지만 필사하라. 한 권의 책에서 한 페이지의 실천 강령만 기억해도 열 권을 읽으면 열 페이지의 실천 강령이 삶에 저장되는 것이다.

미국 시민운동가 피트 데이비스는 『전념』에서 꾸준히 나를 가꾸라고 말한다. "전념하기의 영웅들은 매일, 매년 꾸준하게 시간과 노력을 쌓아 스스로 극적인 사건 그 자체가 된다. 그들의 앞을 가로막는 용은 일상이 주는 지루함, 다른 방도 기웃거리고 싶은 유혹, 그리고 내가 잘 하고 있는지 확신하지 못하는 불안이다. 그리고 그들에게 있어 중요한 결단의 순간은 칼을 꺼내서 용에게 휘두르는 것이 아니라 매일 꾸준히 정원을 가꾸는 일에 가깝다."[24]

꾸준함은 지식의 누적, 경험의 축적으로 이어진다. 축적의 힘은 놀랍다. 아무것도 아닌 것처럼 보이는 행동도 차곡차곡 모이면 삶을 변혁시키는 눈사태가 된다. 책 한 권에 한 페이지씩, 조용히 쌓이는 한 페이지는 나를 끝없이 발전시키는 나만의 책이 될 것이다.

change your life

# 3

# 마우스 대신 책을 펼친 이유

## 프로게이머의 꿈이 저물다

18살, 프로게이머가 되고 나서 나는 고등학교를 자퇴하고 싶었다. 동갑내기 프로게이머들은 모두 학교를 다니지 않았고 자정이 넘는 시간까지도 게임하면서 전략을 짜고 기본기를 다듬었다. 간혹 경기에 패배하는 날에는 학교 공부와 게임을 병행해야 하는 상황이 원망스러웠다. 고등학교 3학년 때는 수능이 끝나면 다시 게임을 하겠다고 부모님과 약속하고 학업에 전념했다. 대학에 입학한 이후 다시 프로게이머로 복귀한 나는 2년 동안 게임에 올인했다. 한동안 게임에서 승리하는 게 인생의 전부였다. 나는 평생 프로게이머로 활동할 것이라 굳게 믿었다.

영원히 프로게이머로서 명성을 떨치겠다는 다짐은 2년이 지나자 거품 빠지듯 사그라들었다. 2년 동안 프로리그에서 우승도 하고 프로게이머로서 소기의 성과는 거두었지만, 최고의 선수가 되기에는 역부족이었다. 더 이상은 올라가지 못하겠다는 한계를 느꼈고, 아무리 연습해도 닿을 수 없는 벽이 보였다. 팀을 대표하는 1군 선수가 되었지만 정상에 군림하는 선수에는 도달하지 못했다. 여기까지가 내가 올라갈 수 있는 한계점이었다. 군대 문제도 걸렸다. 나이는 점점 차고 군대에 다녀와야 하는데, 군 생활을 하고 나면 실력이 더 줄기 때문이다. 군대에 다녀온 뒤 전성기의 기량을 회복한 선수는 없었다. 어느덧 우리 팀에 나보다 나이가 많은 선수는 거의 없었다.

## 지금의 고통이 미래의 환희로 바뀐다

학업을 포기하고 게임만 해서 성공하겠다는 고등학교 2학년 때의 믿음은 5년 만에 무너져 내렸다. 프로게이머는 돈과 명예를 동시에 거머쥘 수 있는 멋진 일이지만 서른 살에도 활약하기에는 실력, 체력적으로 감당하기 어려운 직업이었다. 나는 제대와 동시에 대학교에 복학했다. 25살에 다시 1학년으로 돌아와서 새로운 미래를 준비했다. 대학 공부는 고등학교 공부보다 즐거웠다. 관심 있는 과목을 수강하고 원하는 시간에 자유롭게 공부하는 시스템이 내게 잘 맞았다. 대학을 다니며 기업으로부터 후원을 받는 장학생이 되었고, 준수한 학점으로 졸업해서 원하는 기업에 입사했다.

한때는 게임이 인생의 전부였지만 생각이 바뀌는 순간은 생각보다 금방 다가왔다. 내가 지금까지 무난하게 회사를 다니고 가정을 꾸릴 수 있었던 건 게임에 열중하면서도 학업을 포기하지 않았기 때문이다. 5년 뒤에, 10년 뒤에 환경이 어떻게 변화할지는 아무도 예상할 수 없다. 그렇기 때문에 우리가 할 수 있는 것은 다양한 가능성을 염두에 두고 스스로를 계발하면서 미래를 대비하는 것뿐이다.

지금 이 순간은 영원하지 않다. 지금의 즐거움이 앞날의 괴로움으로, 현재의 고통이 미래의 환희로 바뀔 수 있다는 사실을 잊지 말아야 한다. 물론 현재에 충분히 만족하면서 현실에도 시선을 두어야겠지만 가끔은 멀리 바라볼 필요가 있다. 5년 뒤, 10년 뒤를 대비하기 위해 당신이 준비하고 있는 것은 무엇인가?

change your life

4

# 부러우면 지는 거다? 부러우면 이기는 거다

## 뻗으면 닿을 수 있는 목표에는 욕심이 생긴다

2020 도쿄 올림픽, 높이뛰기 국가대표 우상혁 선수 경기 장면을 시청했다. 시종일관 쾌활하고 자신감 넘치는 모습, 메달을 따지 못해도 환히 웃는 그의 표정이 멋졌다. 우상혁 선수가 출발선에서 발을 디디고 전력 질주할 때마다 마음을 졸였다. 그는 2m 35cm를 뛰어넘어 대한민국 신기록을 달성했고 4위에 등극했다. 경기가 끝난 뒤 태극기를 두르고 트랙을 활보하는 우상혁 선수의 미소는 아름다웠다. 오랜만에 순수한 마음으로 누군가를 응원했다.

나는 재작년 과장 승진 심사에서 탈락했다. 맞은편에 앉은 동기가 승진하는 걸 보며 남몰래 한숨을 쉬었다. 동기에게 축하한다고 말을 건넸지만 진심으로 축하하지는 못했다. "예전에 나도 탈락했다. 1년 금방 간다."라는 선배의 말은 위로가 되지 않았다. '나도 4년 동안 열심히 일했는데, 왜 나는 승진하지 못했을까'라는 허전한 마음에 3개월 정도는 일이 손에 잡히지 않았다.

나는 동기가 부러웠다. 절대적인 업적만 놓고 보면 우상혁 선수가 세운 대한민국 신기록과 과장 승진은 비교의 대상이 아니다. 나는 우상혁 선수에게 일말의 부러움도 느끼지 않았지만 승진한 동기의 뒷모습은 부러운 눈으로 바라봤다. 우상혁 선수의 업적은 내가 이룰 수 없는 일이지만 과장 승진은 손을 뻗으면 거머쥘 수 있는 목표였기 때문이다.

## 부럽다면 이룰 수 있다

'부럽다'는 '남의 좋은 일이나 물건을 보고 자기도 그런 일을 이루거나 그런 물건을 가졌으면 하고 바라는 마음이 있다.'라는 뜻의 형용사다. '부럽다'에는 수동적인 뉘앙스가 느껴진다. 가만히 서서 동경하는 대상에 시선을 떼지 못하는 그림이 연상된다고 할까. 적극적으로, 기쁘게 부러워한다고 하면 뭔가 이상하다. 하지만 국어사전에 나와 있는 정의를 살펴보면 부러움은 '이루고 싶다'라는 뜻을 담고 있다. 즉, 바꾸어 말하자면 어떤 모습에 부러움을 느낀다는 건 마음먹으면 나도 해낼 수 있다는 것을 의미한다.

요즘에는 출간만 하면 베스트셀러를 쓰는 작가가 부럽다. 베스트셀러 작가를 부러워하게 된 건 큰 변화다. 책을 쓰기 전만 해도 작가를 부러워한 적은 없었다. 그가 인세로 얼마를 벌든, 저자 강연회를 하든 아무 감흥이 없었다. 나와는 상관없는 딴 나라 이야기였기 때문이다. 나는 작가의 책을 소비했고 작가의 입을 쳐다보기만 했다. 하지만 나도 책을 쓰기 시작하면서 작가가 부러워졌고, 지금은 베스트셀러 작가가 부럽다. 내 노력이 담긴 책을 누군가가 읽어주는 건 행복한 일이다. 이토록 감사한 행복을 자주 누리는 작가가 부럽다. 나도 많은 사람에게 읽히는 글을 쓰고 싶다. 어제보다 나은 글쓴이가 되기 위해 오늘도 백지와 씨름하고 있다.

누군가를 부러워할 일이 더 많아졌으면 좋겠다. 부러워해야 이루려고 발버둥이칠 것이기 때문이다. 부러움을 발판 삼아 얼마나 높이 뛸 수 있느냐는 내 의지와 노력에 달려있다. 부러우면 지는 거다? 아니다. 부러우면 이기는 거다. 부러워해야 쟁취할 수 있다. 당신은 지금 무엇을 부러워하고 있는가? 당신의 머릿속에 어떤 것이 떠오르는가? 머릿속에 맴도는 생각. 그건 당신이 분명 이룰 수 있는 것이다.

change your life

5

# 나만의 속도로 주행하라

## 추월당하기, 추월하기

지난해 여름휴가로 제주도를 여행했다. 제주도는 시내를 빼면 자동차가 별로 없어서 운전을 즐기기에 좋다. 탁 트인 해안도로와 울창한 숲길을 운전하는 것만으로도 기분 전환이 된다. 한라산 부근 1차선 숲길을 지날 때였다. 나는 규정 속도를 지켜서 운전하는 편이다. 경치를 눈에 담을 겸 시간 당 50킬로미터의 속도로 달리고 있었다.

갑자기 뒤에서 한 대의 자동차가 따라붙었다. 차는 잠시 내 뒤에 바짝 붙더니 곧 속도를 올려 반대 차선을 통해 나를 앞질러 갔다. 1차선 도로가 많은 제주도에서는 흔히 볼 수 있는 광경이다. 나는 혼잣말을 중얼거렸다. "빨리 간다고 해서 몇 분이나 일찍 도착한다고, 성질 급하네."

하루의 여행을 마치고 숙소에 돌아오는 길, 다시 1차선 도로를 주행했다. 내 앞을 달리는 차가 느릿느릿 주행했다. '왜 저렇게 느리게 달리는 거지? 답답하네.' 나는 가속 페달을 밟고 반대 차선을 가로질러 앞 차를 추월했다. "응? 어디서 본 장면인데?" 문득 이런 생각이 들었다. '내 차를 추월했던 운전자는 무슨 생각을 했을까? 내게 추월을 당한 운전자는 무슨 생각을 했을까?'

## 토끼는 토끼답게, 거북이는 거북이답게

내 옆을 지나가는 모든 자동차는 내 차보다 빠른 차, 내 차보다 느린 차로 양분할 수 있다. 내 차의 속도를 기준으로 상대가 빠른지, 느린지 정해진다. 자동차의 속도처럼 일상의 모든 일은 상대적이다. 나는 A보다 보고 자료를 잘 만들지만, B보다 잘 만들지는 못한다. C보다 꼼꼼하지만, D보다 조리 있게 말하진 못한다. 나는 딸보다 키는 크지만 상상력이 풍부하지 않다. 누군가는 나를 보며 그 정도밖에 못하냐고 타박하지만 누군가는 이런 나를 부러워한다. 내 위치를 내가 정하는 건지 남이 정하는 건지 긴가민가해진다.

우주가 아인슈타인의 상대성 이론 법칙을 따르는 것처럼 인간계도 상대성 이론에 종속되어 있다. 남보다 모든 것을 잘하는 사람은 지구상에 존재하지 않는다. 나는 다른 사람보다 뛰어날 수 있지만, 다른 사람보다 부족할 수도 있다. 나보다 빠른 사람을 볼 때는 나보다 느린 사람이 있다는 걸 잊지 말아야 한다. 나는 누군가의 복일 수도, 혹일 수도 있다. 제주도에서 겪은 일은 오랫동안 기억에 남았다. 나를 추월한 운전자를 보곤 혀를 끌끌 차고, 내게 추월당한 운전자를 향해 새가슴이라고 비웃은 게 부끄러웠다.

모든 사람은 자기가 편안함을 느끼는 속도와 페이스를 지니고 있다. 같은 도로에서도 누구는 50킬로미터, 다른 누구는 30킬로미터로 주행하듯이 사람마다 잠재 능력, 성장 속도도 제각각이다. 토끼와 거북이는 각자에게 맞는 속도로 움직이기 때문에 이들이 서로를 비웃거나 부러워할 필요가 없다.

언제나 앞을 보며 걸어야겠지만 가끔은 뒤를 돌아보라. 하늘만 보면 목덜미가 저리다. 틈틈이 발아래도 쳐다봐야 한다. 항상 남보다 뛰어날 수는 없다. 잘할 때도 있고, 못할 때도 있다. 괜찮다. 지금 속도 그대로 하루를 운전하라. 빠르건 느리건 나만의 속도로 꾸준히 나아가는 사람은 언제나 눈부시게 찬란하다.

change your life

# 6

# 적자생존, 글이 길이 되었다

## 적어야 기억에 남는다

모든 자기 계발서에서 공통적으로 등장하는 단골 메뉴가 있다. 바로 자신의 비전, 목표, 계획을 세우면 그것을 종이에 적으라는 실천 강령이다. 어떤 책에서는 책상 위, 화장실, 지갑 등 눈에 잘 보이는 곳마다 목표를 적어 붙이라고 하고, 어떤 책에서는 날마다 100번씩 목표를 적고 하루를 시작하라고 한다. 실행 계획표를 출력해서 본인의 목표와 계획을 쓰고 날마다 실행 여부를 점검하라고 조언하는 저자도 있다. 구체적인 방법은 책마다 다르지만 직접 적으라는 대원칙은 같다.

적어야 한다. 적으면 기억에 오래 남는다. 학창 시절 수업을 들을 때 선생님이 칠판에 쓰는 걸 모조리 베껴 적지 않았는가. 시험공부를 하는 도중에도 중요한 내용은 별도로 요약 노트를 만들고, 자주 틀리는 문제는 오답노트를 제작해 재차 실수하는 걸 예방한다. 적는다는 것은 고도의 집중력을 요구하는 행위이다. 적을 때는 딴 생각을 떠올리기 힘들다. 무엇을 쓸지 생각하고 쓰는 것을 눈으로 지켜보면서 한 글자, 한 글자 또박또박 써야 하기 때문이다. 적을 때는 온전히 내게 집중하게 된다. 정신이 또렷해지고 쉽게 잊어먹지 않는다. 우리가 공부할 때 펜과 노트를 챙기는 것은 은연중에 쓰기의 힘을 알고 있기 때문이 아닐까?

초등학생 시절, 즐거운 방학을 앞두고 교실에서 무엇을 했는지 기억하는가? 4절 스케치북을 책상 위에 놓은 다음 커다란 원을 그리고 시계 눈금을 그어 생활 계획표를 만들었다. 계획표를 그리는 건 적는 행동과 일맥상통한다. 몇 시부터 몇 시까지 무엇을 할지 스스로 고민해서 적고 색칠해서 방 안에 붙여 둔다. 나도 방학마다 계획표를 그렸다. 계획표대로 지키는 건 하루 이틀에 불과했지만 계획표를 작성하면서 혼자 골똘히 생각하고 어떤 하루를 보내면 좋을지 생각하는 순간만큼은 한 뼘 성장하는 느낌이 들었다.

## 적어라, 이루어질 것이다

성인이 되고 나서는 버킷리스트를 작성하거나 새해 목표, 실천 계획표를 적었다. 이루어야 할 일을 종이에 쓰는 순간만큼은 그 일들이 금세 이루어질 것 같은 느낌이 든다. 계획을 쓰기 전보다 손쉽게 행동으로 옮길 수 있었고, 계획을 자꾸 바라보면서 의지를 북돋을 수 있다. 목표를 종이에 적는 것은 스스로에게 실천하겠다고 선언하는 의식이다. 계획을 세우면 최대한 많은 사람에게 공언해서 스스로에게 부담을 주는 것을 권했다. 목표를 쓰는 것 또한 나 스스로에게 선포하는 것이기 때문에 스스로와 약속을 지키는 데 많은 도움이 된다.

16년 동안 1등석 객실을 담당한 승무원 미즈키 아키코는 『퍼스트클래스 승객은 펜을 빌리지 않는다』에서 목표를 달성하기 위해 우선 적으라고 조언한다. "퍼스트클래스의 비즈니스 엘리트들은 목표를 설정하고 그 목표를 이루기까지 끊임없이 노력해온 사람들이다. 그러나 목표 설정이 중요하다는 것은 알지만 무엇부터 시작해야 할지 모르겠다는 사람들이 훨씬 많을 것이다. 우선 목표를 종이에 적어라. 내가 하고 싶은 일을 무엇이든 거침없이 적어보자. 머릿속에 들어 있는 모래를 종이 위에 한꺼번에 쏟아붓는 느낌이다."[25]

일단 종이에 쓰면 눈에 보이는 무언가로 남는다. 백 번 생각하는 것보다 한 번 쓰고 물끄러미 바라보는 게 낫다. 의욕이 만개한 상태에서 직접 쓴 문장을 볼 때마다 동기 부여가 된다. 쓰기는 투자 시간 대비 얻는 효과를 극대화할 수 있는 가장 확실한 행동이다. 목표와 계획을 머릿속으로 정리했다면 반드시 글로 남기자. 직접 종이에 써도 좋고, 인터넷 공간에 포스팅을 올려도 좋다. 많은 사람이 볼 수 있는 공간이라면 더더욱 좋다. 수많은 사람에게 선언하는 효과도 더불어 얻을 수 있기 때문이다.

## 글은 길이 된다

적는 행위의 최고봉은 한 편의 글을 쓰는 것이다. 단순히 이루고 싶은 목표와 계획만 적는 게 아니라 왜 이루고 싶은지 당신의 생각, 실천 기록, 노하우를 글로 남겨라. 한양대학교 교수이자 50권이 넘는 책을 쓴 유영만 작가는 "글을 쓰니 길이 열렸다."라고 말했다. 글을 쓰면 복잡한 머릿속이 정리되고 내가 무엇을 해야 하는지 스스로 답을 찾게 된다. 글쓰기는 최고의 자기 계발이다. 책을 한 권 읽었다면 그중에서 내 삶에 도움이 될 만한 내용을 서너 문장으로 압축해서 서평을 남겨라. 내가 나를 스스로 치유하는 데에도 글쓰기만 한 게 없다. 일기장, 인터넷 공간에 자신의 일상의 단편을 기록하라. 그리고 언젠가는 당신의 경험을 정리하여 책 쓰기에 도전하라. 당신의 일생은 당신만이 쓸 수 있는 고유한 소재이며, 누군가는 반드시 당신의 글을 읽고 삶의 방향을 전환할 것이다.

적자생존, 적는 자만이 살아남는다. 적고, 행동하고, 시행착오를 겪고 다시 적어라. 요령은 중요하지 않다. "S=CaR"을 떠올려라. 작지만 빠른 실천이 성장을 부른다. 지금 당장 종이와 펜을 꺼내라. 단 5분만 투자하라. 5분 동안 하고 싶은 것, 바라는 꿈을 적어라. 적는 순간이 a가 가동되는 순간이다. 적는 것이 곧 실천이며 실천하는 시간이 성장으로 이어진다는 점을 명심하라.

change your life

7

# 간절하다면 지금 일어서라

## 강연이 기억나지 않는 이유

나는 대학을 다닐 때 여러 강연을 들으러 다녔다. 저자 강연, 북 콘서트, 명사 강의, 문화센터 강좌 등 대학교에서 주최하는 강연과 출판사, 서점에서 주관하는 강연을 찾아 다녔다. 강연에 참석하는 시간이 좋았다. 무언가를 배우러 온 청중들의 틈바구니 속에서 나도 한자리를 차지하고 있다는 점이 뿌듯했고, 강연자의 한 마디 한 마디는 공기를 가로질러 내 가슴으로 직행하는 기분이 들었다. 어떤 강연에서든 배울 게 있었고 강연자와 소통하는 1시간 30분에서 2시간은 금세 흘렀다.

하지만 이상한 점이 있었다. 강연에서 들은 말을 일부러 잊기로 작정이라도 한 것 마냥 2~3일만 지나면 강연의 내용이 잘 기억나지 않았다. 분명히 강연장 안에서는 누구보다 눈을 반짝거리며 열심히 호응했는데, 자고 일어나기만 하면 컴퓨터를 재부팅한 것처럼 강연을 듣기 전으로 초기화됐다. 영화를 보면 한참 시간이 지나도 줄거리가 기억난다. 배우의 명대사도 기억에 남고 명장면은 곧장 떠올릴 수 있었다. 이와 달리 애써 시간을 투자해 강연을 들었는데 기억에 남은 건 내가 누구의 강연을 들었다는 사실뿐이었다. 나는 왜 기억 상실증에 걸린 것 마냥 기억을 잃어버리는 걸까?

이번 책을 쓰면서 왜 강연 내용을 금방 잊어버렸는지 깨닫게 되었다. 내가 기억하지 못하는 까닭은 강연자가 하는 말이 내 머릿속 지식의 일부였기 때문이었다. 아는 내용을 명사의 입을 통해 복습했던 것이지, 새로운 지식을 습득한 게 아니었다. "꿈을 꾸고 열심히 노력하면 성공합니다. 끈기를 지니고 집중하면 반드시 성과가 있을 것입니다." 그 나물에 그 밥, 전부 아는 내용이었다. 아는 내용을 다시금 일깨워주니 강연장에서는 누구보다 격하게 공감하지만 시간이 지나면 기억 속에서 희미해지는 것이었다. 알고 있지만 행동하지 않은 지식이었기 때문이다.

## 당신은 지금 무엇을 할 것인가

기실 모든 자기 계발서는 비슷한 이야기를 전한다. 열심히, 최선의, 노력을 기울여, 꿈꾸고, 꾸준히, 집중해서, 실천하기를 당부한다. 내가 책을 쓰면서 가장 고민했던 점은 '어떻게 하면 독자가 나처럼 강연장에서 신나게 고개만 끄덕이고 마는 게 아니라 실천으로 옮길 수 있을까?'라는 것이었다. 당신은 내 바람대로 몸을 움직였을까, 아니면 다른 자기 계발서를 읽듯이 '어차피 아는 내용의 되풀이군'이라고 투덜거리며 책장을 넘겼을까?

보다 나은 삶을 살기 위해 어떻게 하는 것이 최선인지 정답을 알았다. 어떤 것이든 생각만 하지 말고 행동에 옮기는 것이다. 그 행동이 무엇이든지, 작은 일이든, 큰일이든 아무거나 말이다. 어차피 강연에서, 책에서 어떤 말이 나올지는 강연 주제와 책의 목차를 보면 대충 감이 온다. 강연을 들으면서, 책을 읽으면서 이건 따라 해야겠다 싶은 게 있으면 당장 강연장을 박차고 나오거나 책을 덮어야 한다. 강연장에 오래 앉아 있다고 해서, 혹은 오랜 시간 책을 읽는다고 해서 삶이 바뀌진 않는다. 중국 송나라의 유학자 정호, 정이 형제는 말했다. "만약 당신이 『논어』를 읽고 변하지 않았다면, 당신은 『논어』를 읽은 것이 아니다."라고 말이다. 당신이 지식을 쌓았다면 지식을 행동으로 옮겨야 한다.

만화 슬램덩크의 주인공 강백호는 감독에게 말했다. "영감님, 영감님의 영광의 시대는 언제였죠? 국가대표였을 때였나요? 나는, 지금입니다." 결의에 찬 강백호는 마지막 경기를 승리로 이끈다. 당신에게 영광의 순간은 언제인가? 당신은 지금 무엇을 하고 있는가?

change your life

# 8

# 쓸모 있는 사람이 되고 싶어서

## 마흔 즈음에

게임에 빠진 코흘리개 고등학생이었던 나도 어느덧 마흔 살을 바라본다. 김광석의 〈서른 즈음에〉를 목이 쉬어라 부르며 벌써 아저씨가 되었다고 친구들과 신세를 한탄할 때가 엊그제 같은데 벌써 마흔이라니, 세월은 찰나의 순간처럼 흘러간다. 시간은 자신의 나이와 같은 속도로 흘러간다는 말도 이제 어떤 말인지 알게 되었다. 한 달, 두 달, 일 년이 금방 흘러간다.

공자는 마흔 살을 '불혹不惑', 어떤 유혹에도 흔들리지 않는 심지를 갖는 나이라고 말했다. 여전히 인터넷, 유튜브, 쇼핑, 야식, 술, 게임의 유혹을 거부하지 못하는 나로서는 곤란할 지경이다. 마흔 살이 되었다고 스무 살, 서른 살 때보다 특별히 나아진 것 같지는 않다. 튀어나오는 뱃살, 처지는 눈매, 한 줄씩 늘어나는 주름이 나이가 들었다고 신호를 보낼 뿐이다.

요 근래 기억에 남는 일 중에 가장 기뻤던 건 내 책을 읽고 삶의 자세를 바꾸었다는 감사의 인사를 전해 들었을 때다. 학부모와 학생을 위해 강연을 요청받고 그들의 시간을 내 언어로 채울 때도 잊지 못한다. 별 볼 일 없다고 생각했던 내 경험이 누군가의 삶을 바꾸게 만드는 도구가 되었다.

나는 다른 사람에게 도움이 되는 삶을 살고 싶다. 내 행동이 다른 사람에게 도움이 된다고 생각하면 동기 부여가 극대화되고, "S=CaR"의 C, 도전 정신과 의욕을 고취시킨다. 내 가슴과 머리에서부터 손끝으로 나온 글이 누군가의 눈동자를 넘어 가슴에 가닿는 과정을 생각하면 더 열심히 글을 쓰고 싶은 마음이 생긴다. 일순간 마음속이 긍정 에너지로 넘실거린다.

쓸모 있는 사람이 되고 싶다. 내가 가진 지식과 경험을 사람들과 나눌수록 혜택을 받는 사람은 바로 나 자신이다. 오늘은 어떤 방식으로 타인에게 쓸모를 주는 하루를 보낼 수 있을까. 입가에 웃음이 번지는 고민을, 다시 시작한다.

# 에필로그

## 성공의 기준을 낮춰라

2022년 베이징 겨울 올림픽은 기존 올림픽과 달랐다. 이전에는 선수가 금메달을 따지 못하면 모두가 실망했다. 은메달을 받아도 해설자는 아쉬움에 할 말을 잃었고, 선수는 고개를 숙였다. 관중과 시청자도 아쉬워하는 건 마찬가지였다. 은메달을 따고 한숨을 쉬는 우리나라 선수 옆에는 동메달을 따고 환호하는 다른 나라 선수가 보였다.

하지만 2022년 베이징 겨울 올림픽에서는 출전 선수가 은메달, 동메달을 따도 기뻤고 메달을 따지 못해도 최선을 다하는 모습이 자랑스러웠다. 이는 비단 나만 그런 게 아니었다. 아내,

친구, 네티즌도 모두 비슷하게 느꼈다. 순위에 든 선수에겐 축하를 보내고 수상하지 못한 선수에겐 격려를 건넸다. 스포츠를 바라보는 시선이 달라졌다.

결과보다 과정이, 1등이 아니라 도전자 모두가 주목받는 세상이 오고 있다. 이러한 변화는 무엇을 뜻할까? 더 이상 1등이 되지 못해 자책하고, 상심하고, 분노할 필요가 없다는 뜻이다. 결과를 떠나 최선을 다하는 태도 자체가 중요해졌다는 의미다.

## 진정한 성공은 어제보다 나아지는 것

"S=CaR"은 모두가 알고 있는 단순한 법칙이다. 꿈, 열정, 도전 정신을 갖고 작은 실천을 꾸준히 반복하면 성공한다는 것. 관성의 법칙처럼 모든 사람에게 적용할 수 있는 자연법칙이다. 성공은 어마어마한 부를 이루는 것이나 세계적인 운동선수가 되는 것, 대기업의 CEO가 되는 것처럼 거대한 무언가가 아니다.

과연 무엇이 진정한 성공일까? 어제보다 한 발자국 나아지는 것, 작은 변화를 이루어내기 위해 매 순간 애쓰는 것이 진짜 성공이다. 사람이 할 수 있는 일 중에 이보다 위대한 일은 없다. "S=CaR"을 떠올리는 당신은 날마다 어제보다 나은 오늘을 보내고 있음을 기억하라. 그러니 앞으로도 지금처럼 계속 CaR을 실천하라.

나를 온전히 받아들이고, 천천히 성장하는 하루를 보내는 것, 성과보다 태도에 눈높이를 맞추는 것. 이것이 개인과 사회가 추구해야 할 가치이자 이상향이 아닐까?

책 내용 중에 1페이지만 기억해도 성공이라고 말한 꼭지가 있다. 프롤로그에서 언급했듯이 책을 읽는 도중에 덮게 만드는 게 책의 목표였지만 여기까지 읽었으니 한번 생각해 보자. 당신은 어떤 페이지를 기억하고 싶은가? 기억에 남는 페이지의 내용이 있다면 당신의 언어로 바꾸어 말해 보라. 그리고 그것을 종이에 쓴 다음 책상에 올려두고 다시 읽어 보라. 당신은 단지 한 권의 책을 읽었을 뿐이지만 종이에 쓴 만큼 성장하고 발전한 것이다.

성공의 문턱을 낮추고, 작은 성취에도 만족하고, 어제 실천한 행동을 오늘 또 실천하는 것. 발전하는 나를 뿌듯한 마음으로 지켜보며 새로운 도전을 향해 한 발자국 내딛는 것. 무슨 일이건 "S=CaR" 법칙에 대입하면 반드시 나날이 성장하는 당신을 만날 수 있을 것이다.

도전, 실천, 반복을 바탕으로 성공에 뚜벅뚜벅 다가가는 당신을 응원한다.

## | 참고 도서 |


1 박성혁, 『이토록 공부가 재미있어지는 순간』, 다산북스, 2020, 259쪽

2 구본형, 『구본형의 마지막 편지』, 휴머니스트, 2013

3 개리 비숍, 『내 인생 구하기』, 이지연 옮김, 웅진지식하우스, 2020, 21쪽

4 로버트 마우어, 『아주 작은 반복의 힘』, 장원철 옮김, 스몰빅라이프, 2016

5 니시나리 가쓰히로, 『이것은 생존을 위한 최소한의 생각법이다』, 연승민 옮김, 위즈덤하우스, 2014, 41쪽

6 김경일, https://www.youtube.com/watch?v=yUt9ACfZz7o, 세상을 바꾸는 시간 15분

7 팀 어번, https://www.youtube.com/watch?v=arj7oStGLkU, TED

8 페트르 루드비크 『미루는 습관을 이기는 작은 책』, 김유미 옮김, 비즈니스북스, 2018, 118쪽

9 이시형, 『공부하는 독종이 살아남는다』, 중앙북스, 2009, 67쪽

10 김미경, 『김미경의 리부트』, 웅진지식하우스, 2020

11 웨이슈잉, 『하버드 새벽 4시 반』, 이정은 옮김, 라이스메이커, 2014, 131쪽

12 웨이슈잉, 『하버드 새벽 4시 반』, 이정은 옮김, 라이스메이커, 2014, 29쪽

13 차인표, https://www.youtube.com/watch?v=T8xf0XTlgD0, 세상을 바꾸는 시간 15분

14 데이비드 크렌쇼, 『멀티태스킹은 없다』, 이경아 옮김, 아롬미디어, 2009

15 나폴레온 힐, 『여덟 가지 삶의 태도』, 유혜인 옮김, 흐름출판, 2019, 33쪽
16 켈리 최, 『웰씽킹』, 다산북스, 2021
17 그렉 맥커운, 『에센셜리즘』, 김원호 옮김, 알에이치코리아, 2014, 270쪽
18 모기 겐이치로, 『아침의 재발견』, 조해선 옮김, 양은우 감수, 비즈니스북스, 2019
19 모기 겐이치로, 『아침의 재발견』, 조해선 옮김, 양은우 감수, 비즈니스북스, 2019
20 모기 겐이치로, 『아침의 재발견』, 조해선 옮김, 양은우 감수, 비즈니스북스, 2019
21 조 볼러, 『언락』, 이경식 옮김, 다산북스, 2020, 38쪽
22 김대수, 『뇌 과학이 인생에 필요한 순간』, 브라이트, 2021, 161쪽
23 팀 페리스, 『타이탄의 도구들』, 박선령, 정지현 옮김, 토네이도, 2020, 24쪽
24 피트 데이비스, 『전념』, 신유희 옮김, 상상스퀘어, 2022
25 미즈키 아키코, 『퍼스트클래스 승객은 펜을 빌리지 않는다』, 윤은혜 옮김, 중앙북스, 2013, 141쪽

# 라이프 퍼포머

**초판 1쇄 인쇄** 2022년 6월 21일
**초판 1쇄 발행** 2022년 6월 30일

**지은이** 조형근

**책임 편집** 박정은
**편집** 양지원

**디자인** 박은진
**마케팅 총괄** 임동건
**마케팅 지원** 전화원 한민지 이제이 한솔 한울
**경영 지원** 임정혁 이지원

**펴낸이** 최익성
**출판 총괄** 송준기
**펴낸곳** 파지트
**출판 등록** 제2021-000049호

**제작 지원** 플랜비디자인

**주소** 경기도 화성시 동탄원천로 354-28
**전화** 070-7672-1001 **팩스** 02-2179-8994 **이메일** pazit.book@gmail.com

ISBN 979-11-92381-08-4 03320